怡美教育集团出版基金资助出版

文化与翻译 修订版

白靖宇 著

中国社会科学出版社

图书在版编目(CIP)数据

文化与翻译/白靖宇著.—修订版.—北京：中国社会科学出版社，2010.7
(2018.2 重印)

ISBN 978-7-5004-8976-4

Ⅰ.①文… Ⅱ.①白… Ⅲ.①翻译理论—研究 Ⅳ.①H059

中国版本图书馆 CIP 数据核字（2010）第 142758 号

出 版 人　赵剑英
选题策划　史慕鸿
责任编辑　刘志兵
责任校对　刘　莉
责任印制　戴　宽

出　　版　中国社会科学出版社
社　　址　北京鼓楼西大街甲 158 号
邮　　编　100720
网　　址　http://www.csspw.cn
发 行 部　010-84083685
门 市 部　010-84029450
经　　销　新华书店及其他书店

印刷装订　北京君升印刷有限公司
版　　次　2010 年 7 月第 1 版
印　　次　2018 年 2 月第 4 次印刷

开　　本　880×1230　1/32
印　　张　8.25
插　　页　2
字　　数　201 千字
定　　价　39.00 元

谨以此书献给

　　我所热爱的外语教育事业

胡壮麟先生题字

学无止境，

精益求精！

祝贺白靖宇教授《文化与翻译》(修订版)

出版发行！

胡壮麟

2010 年 4 月 20 日于北京大学蓝旗营

修订版序言

我与白靖宇博士从未谋面，是从《文化与翻译》才知道他的。《文化与翻译》一书2000年由中国社会科学出版社出版发行，2002年该书经编委推荐作为当年优秀译学著作而收录入我主编的《中华翻译文摘》。该书出版十年来取得了良好的反响，深受读者欢迎。这次修订版出书之前，白靖宇博士邀我写序，我欣然接受。

20世纪80年代以来，翻译的文化转向成为国际翻译界的一场变革。国内许多学者开始在文化翻译领域进行着积极的研究和探索，白靖宇博士便是其中一位。他在文化翻译的理论与实践方面做了一些有益的尝试，其研究成果《文化与翻译》就是例证，使广大翻译工作者、高校教师和研究生受益匪浅。

此次《文化与翻译》修订再版之时，作者对内容做了进一步的充实，对个别观点做了修正。不仅从理论上阐述了现代信息传递理论与文化翻译的关系，还根据社会文化的发展，从实践出发，提供许多新的译例，使之成为一本较完备的文化翻译论著。

此为序，并乐意将这本书推荐给读者。

罗选民

2010年4月26日于清华大学

修订版前言

我的《文化与翻译》出版已整整十年了。十年来，这本书深受全国广大翻译工作者、高校教师和研究生的厚爱，一些读者来信来访探讨学术问题或要求赠书。记得在参加一次外语活动时，遇见了某外国语大学的几位在读研究生，当得知我是这本书的著者时，显得异常的兴奋，他们都在研读我的书并作为参考撰写她们的硕士学位论文，令人感到十分欣慰。事实上，这本书出版后受到了国内外翻译界和学术界的广泛关注，国际翻译学研究权威刊物《视角：翻译学研究》杂志曾刊文对本书进行了评介，后经国内外著名专家学者评定入选清华大学罗选民教授主编的《中华翻译文摘》。同时，本书出版后也得到了奖励，先后获得了学校的高层次科研奖和省高校人文、社会科学研究优秀成果奖。可以说，这本书出版十年来给了我极大的鼓舞与鞭策，使我感悟了人生的意义和价值。

然而，十年过去了，社会文化发生了很大的发展变化，随之也不断涌现出了许多新词语和文化现象。所以，现在回头再看《文化与翻译》，就感到需要进行丰富和充实新的内容。翻译应该与时代同步。本书这次修订进一步论述了现代信息传递理论与文化翻译的关系，使文化翻译研究有了先进和坚实的理论基础。并结合十年来社会文化的发展新增补了一些文化翻译实例，还对近几年社会上和翻译界争论的一些翻译问题进行了进一步的探讨与争鸣，例如，“不折腾”的英译争议及翻译等。同时，本书增加了中国佛教文化与翻译等内容。更重要的是，《红楼梦》文化翻译研究目前受到国内外翻译界和学术界的高度重视，成为翻译理论与实践研究中的一个焦点问题，同时，业界人士也对《红楼梦》的翻译争论不休。因此，本书特对中国《红楼梦》文化翻译研究进行了评述，其宗旨是，对从事文化翻译研究的学者、教师和研究生有所借鉴与启示，能够使他们客观地了解和掌握这一领域学术研究的前沿动态，把握学术研究的方向，推动文化翻译理论研究和《红楼梦》翻译事业不断向前发展。

在此，十分感谢北京大学胡壮麟教授为本书题字恭贺，清华大学罗选民教授拨冗为本书作序。同时，感谢陕西怡美教育集团总裁王奕女士、中国社会科学出版社史慕鸿副编审的热情帮助与大力支持。值得一提的是，我的妻子寇菊霞副教授、女儿白鸽博士及我的几位研究生参与了此书中一些问题的讨论和资料整理工作，在这里也对他们道声，谢谢！

白靖宇

2010年春于皓月书屋

序

读了白靖宇同志新著《文化与翻译》一书的清样后，感触很深，随笔写下自己的一点看法。

第一，本书是一部文化翻译研究的学术专著，着重从文化角度研究翻译问题，探索文化翻译的理论与方法。书中用辩证唯物主义的观点阐述了文化的概念，语言、文化、翻译三者之间的关系，提出了“文化再现”（culture reappearance）的翻译原则，阐述了“再现原语文化特征和再现原语文化信息”的跨文化翻译观。

第二，本书科学地运用了比较研究的方法，不仅比较了中西文化之间的差异，同时进行了多种译文的比较研究，深入浅出地揭示了文化翻译的规律。本书还对翻译界一些尚有争议的学术问题进行了探析，提出了自己的见解。

第三，本书理论与实践相结合，用翻译实例阐明文化翻译的原则与方法，例译大多引自《红楼梦》、唐诗、毛泽东诗词及莎士比亚作品等经典名著，并且每例引证恰当，观点明确，分析透彻，引人深思。

《文化与翻译》是一部专题性的论著，同时也有跨文化和多学科研究的性质，涉及中西文化、语言文学、宗教学、人类学、社会学、心理学、历史学、人文地理、动植物学等领域。本书对翻译工作者和爱好者有理论启示和借鉴意义，也能丰富他们的人文科学知识，提高他们的思想文化素养。因此，我认为这本书出版后一定会受到欢迎。是为序。

杜瑞清

1999 年 6 月 20 日

自　　序

当我在图书馆参考阅览室写完本书最后一章时，内心充满了无限的喜悦，就像一位母亲听到了新生婴儿的第一声啼哭。我多年的辛苦努力终于有了结果。

进入 90 年代后期，我为自己拟定了两个科研课题。一个是英语阅读问题研究；另一个是跨文化翻译研究。前者现成参考书籍、资料很多，比较容易搞。后者则涉足者甚少，是一个需要开拓的新领域，且文化内容庞杂，涉及学科广泛。这个课题的难度是可想而知的。然而，我选择了后者，希望通过自己的努力在文化翻译领域开出一片新天地。

对于翻译，传统观点认为，它仅是两种语言间的转换，忽视了翻译中的文化问题。事实上，译者在翻译过程中遇到的最大困难不是语言，恰恰是文化。翻译本身就是不同文化间交流的产物。翻译是跨文化传通。因此，不断培养译者的跨文化意识，树立文化翻译观对翻译理论和实践都有极其重要的意义和实用价值。

应该指出，这本书的撰写过程对我来说是一个学习的过程。文化翻译是一个十分复杂的问题，涉及中西文化的许多领域。本书撰写过程中为了弄清楚某一个问题，往往需要查阅大量的书籍和资料。这迫使我研读了文化、翻译等方面的一些论著，接触了一些新学科，学到了一些新知识。可以说，这本书是我在文化翻译研究方面的一次尝试，同时也是个人近几年学习体会和翻译实践的一次总结。然而，由于本人才疏学浅，对一些新学科和新知识学习不够，理解不透彻，因此书中难免有错误和不妥之处，敬请大家批评指正。

本书在撰写过程中得到了陕西师范大学图书馆工作人员的热情帮助，西安外国语学院院长杜瑞清教授在百忙中为书写了序，陕西师范大学外国语学院院长马振铎教授给予了大力支持，还有我的一些研究生为此书的撰写和出版做了许多工作，在此一并表示衷心的感谢。

白靖宇

1999 年孟夏于古都长安

目　　录

第一章

绪　　论

第一节　文化的概念

文化（culture）是一个内涵丰富而又复杂的概念。追溯其历史渊源，“文化”一词最早出现在中国古籍。西汉刘向《说苑·指武篇》说：“圣人之治天下也，先文德而后武力。凡武之兴，为不服也；文化不改，然后加诛。”晋束晳《补亡诗·由仪》曰：“文化内辑，武功外悠。”南齐王融《曲水诗序》：“设神理以景俗，敷文化以柔远。”这里，“文化”的含义是指古代封建王朝所施的文治和教化，与天造地设的自然，或与无教化的“质朴”、“野蛮”相对而言。

现在所说的“文化”与古文中的“文化”含义有较大的差异。今天我们所用的文化一词是外来语的意译，是19世纪末从日文中转译过来的。文化一词源于拉丁文cultus，是由colere演化而来，而英语中的culture和德语中的Kultur同由拉丁语的cultus转化而来。文化一词拉丁文原义是“开发，开化”的意思。德语Kultur本义指精神文化，实指宗教文化而言。英语culture的意义则与政治、法律、教育等社会生活有关。自19世纪下半叶人类学、社会学、文化学等以文化为研究对象的学科兴起后，世界各国的学者试图给“文化”下定义。然而至今众说纷纭，看法不一。

我国著名学者季羡林教授 1995 年 5 月 9 日在北京外国语大学中文学院所作的演讲《西方不亮，东方亮》中指出：“根据现在全世界给文化下的定义有 500 多个，这说明，没法下定义。这个东西啊，我们认为人文科学跟自然科学不一样，有的是最好不下定义，自然科学像‘直线是两点间最短的线’，非常简单，非常明了，谁也反对不了。而我认为社会科学不是这样的，所以文化的定义我想最好还是不下。当然，现在好多人写文章，还在努力地下定义，这个不过是在 500 个定义外再添一个定义，501、502，一点问题不解决，所以我个人理解的文化就是非常广义的，就是精神方面，物质方面，对人民有好处的，就叫做文化。文化一大部分呢，就保留在古代的典籍里边，五经四书呀，二十四史呀，中国的典籍呀，按照数量来讲，世界第一，这是毫无问题的；按质量来讲，我看也可以说是世界第一。大部分保留在典籍里，当然也有一部分不是保留在典籍里边，比如说长城，长城文化。长城是具体的东西。现在的文化，吃的盐巴也是文化，什么都是文化。”（季羡林编选《东西方文化议论集》上册）

英国著名的人类文化学家泰勒（Edward Tylor，1832—1917）在 1871 年出版的《原始文化》一书中认为：“文化和文明，就其广义人类学意义上看，是由知识、信念、艺术、伦理、法律、习俗以及作为社会成员的人所需要的其他能力和习惯所构成的综合体。”（孙鼎国主编《西方文化百科》）这一定义一直被认为是最具有权威性，被许多论著引述，对学术界产生过重大影响。不过，泰勒的文化定义似乎更侧重于精神文化方面，而不包括物质文化。

美国学者戴维·波普的文化定义就比较全面。他认为文化应由三个主要元素构成："1. 符号意义和价值观——这些都用来解释现实和确定好坏，正误标准；2. 规范准则——对在一个特定的社会中人们怎样思维、感觉和行动的解释；3. 物质文化——实际的和人造的物体，它反映了非物质的文化意义。"（戴维·波普著《社会学》）这一定义与我国《辞海》（1989）中"文化"的概念是一致的："文化，从广义上说，指人类社会历史实践过程中所创造的物质财富和精神财富的总和。从狭义上来说，指社会的意识形态，以及与之相适应的制度和组织机构。"

现在，我们可以对文化概念有一个清楚的认识。文化定义有广义文化和狭义文化。广义文化包括物质文化和精神文化，而狭义文化仅指精神文化。

第二节　语言与文化

语言和文化是密不可分的。

众所周知，语言是一种社会文化现象，是社会文化发展的产物。任何语言的生存发展都离不开其赖以生长的社会文化环境。社会文化又在一定程度上制约着语言使用者的思维方式和表达能力。例如，雪对生长在寒冷的北极圈里的爱斯基摩人来说是尤其重要的，是性命攸关的。因此，在爱斯基摩人的语言中，雪的各种形状和环境都得以命名，有 20 多个词分别指称不同的雪——地上的雪、石上的雪、堆积的雪、下着的雪……而英语国家中，雪则是无足轻重的，只有一词 snow（雪）。这并不意味着英语作为一种语言没有能力区分不同类型的雪。英语没有这些词汇表达各种不同类型的雪是因为对英语国家的人来说没有这方面的社会文化需要。美国是一个工业高度发达的国家。汽车与美国人的生活息息相关，美国英语中多达 26 个词指称汽车，并有许多与汽车相关的词语。酒后开车是美国一大社会危害。因此，美国英语用不同词语表达“醉酒”——pissed，pickled，high，bombed，stoned，drunk，intoxicated，under the influence 等。然而，爱斯基摩人的语言中没有如此多的词语表达汽车和醉酒，同样是因为没有社会文化需要。再如，英语中“cousin”一词意指亲属关系中与自己同辈的称谓。父亲一方：堂哥、堂弟、堂姐、堂妹（父亲同胞兄弟的孩子）；（姑）表哥、表弟、表姐、表妹（父亲同胞姐妹的孩子）。母亲一方：（舅）表哥、表弟、表姐、表妹（母亲同胞兄弟的孩子）；（姨）表哥、表弟、表姐、表妹（母亲同胞姐妹的孩子）。英语中一个词“cousin”能够指称众多的成员，这表明某社会成员与这些分布在不同亲属地位中的同辈人都保持相同关系。对他们的社会行为都一样。而汉语中对众多亲属成员使用众多称谓，说明了某社会成员与他们每一个人都保持着一种独特的关系。根据中国传统文化观念，父系的姑表关系要比母系的姨表关系更加亲近。因此，汉语中不同亲属成员使用不同称谓是社会文化在语言中的反映。

综上所述，语言与文化的关系是水乳交融，不可分割的。正如美国语言与文化委员会在表述语言与文化关系时所指出的那样：（1）语言是文化的一部分……（2）语言是文化的载体……

第三节 翻译是一项跨文化活动

语言与文化的密切关系注定了翻译与文化的密切关系。翻译是把一种语言转换成另一种语言。不言而喻，两种语言转换的过程必然涉及两种文化。翻译实质上是不同文化间的交流。我国著名学者王佐良教授在谈到文化与翻译的关系时曾指出：“他（翻译工作者）处理的是个别词，他面对的则是两大片文化。”Mary

Snell-Hornby 明确指出，翻译是一种“跨文化的活动”。

我们先看一个英译汉的例子。

莎士比亚十四行诗第十八首第一诗节：

Shall I compare thee to a summer's day?
Thou art more lovely and more temperate;
Rough winds do shake the darling buds of May,
And summer's lease hath all too short a date;

译文：

我可否将你比作夏日？
你更可爱，又更温柔；
暴风摇撼五月钟爱的嫩芽，
而夏日的租期太过短暂；

（叶淑霞　编译）

这个诗节前两句中“a summer's day”的翻译就是一个文化问题。英国的四季中，冬天很长，春天短促，夏天倒显得温暖明媚，是一年中最宜人的季节。英国的夏天像中国的春天一样，给人一种美丽、温馨、可爱的感觉。有人曾想把“summer”译成“春天”，担心中国读者不能接受“夏天”，因为在中国文化观念中“夏天”常与炎热酷暑联系在一起。对于这个问题，纽马克有一段精辟的见解。他说：“并非如此，因为（目标语言的）读者理应准确地了解到（源语言文化）英国的夏天是温和惬意的。阅读这首十四行诗时在向读者介绍英国文化的同时也激发读者的想象力。”

我们再看一个汉译英的例子。

饺子是中华民族的传统食品。中国人在逢年过节时喜欢吃饺子，而英美人却没有这个习惯，也不知饺子为何物。“饺子”一词在英语中根本没有对应的词语来表达。《汉英词典》将“饺子”译为“dumpling”，实属不妥，有失其中国文化特征。dumpling 在英语中的意思是：与肉、蔬菜在一起煮或蒸的面团，或菜果汤团。汉语中的“饺子”则指一种在沸水中煮熟“半圆形的，有馅儿的面食”(《现代汉语词典》商务版)。可见 dumpling 和饺子根本不是一回事。更重要的是，中国人逢年过节吃饺子是一种民俗文化。电影《白毛女》中的杨白劳在地主逼债，穷愁潦倒的境况下，也在大年三十晚上用卖豆腐攒下的钱称回二斤白面，要与自己唯一的亲人喜儿吃上一顿饺子。因此，对中国人来说，过年吃饺子是合家团圆的象征，是对幸福生活的一种期盼。鉴于饺子这种深邃的文化内涵，翻译家们将其直接音译为“Jiaozi”。现在饺子及其文化含义已被英美人所熟悉和理解，并被辞书收为英语的一个外来词。

通过上面对文化与翻译间关系的论述和对翻译实例的考察可以看出，我们必须从文化的角度来看待翻译。翻译不仅要做到语言意义上的等值，而更重要的是要真正做到文化意义上的等值。

第二章

文化翻译的原则与方法

第一节　基本原则

对于翻译，有人提出“译学无成规”，认为翻译是一种纯粹的实践活动，无须什么原则指导。据此，一些人把翻译比作游泳，只要一个人勇于大胆尝试，就会在游泳中学会游泳。翻译犹如游泳。然而，多数人坚持认为，“翻译是一门科学”，有其理论原则。金缇和奈达（Eugene A. Nida）在合编的《论翻译》（*On Translation*）中指出，“实际上每一个人的翻译实践都有一些原则指导，区别于自觉和不自觉，在于那些原则是否符合客观规律”。由此可见，翻译原则是一种客观存在，是指导翻译实践的科学依据。实践证明，用一些翻译原则指导翻译实践会收到事半功倍的效果。同样道理，如果一个人掌握了一些游泳的原则和方法，就会更快更好地学会游泳。因此，我们赞同上述第二种观点。翻译有一些客观原则可循。

早在18世纪90年代，英国翻译家泰特勒（Alexander Fraser Tytler，1747—1814）在他的著作《论翻译的原则》（*Essay on the Principles of Translation*）里提出了翻译的三条原则：

（1）译文应完全复写出原作的思想。

（2）译文的风格和笔调应与原文的性质相同。

（3）译文应和原作同样流畅。

我国清代翻译家严复于1898年在《天演论》的“译例言”中提出了著名的“信、达、雅”三条标准，即译文要忠实于原著，表达通顺流畅，文字典雅。严复的这三条标准和泰特勒的三大原则基本上相似。不过，后人对严复三条标准中的“雅”提出异议。到了20世纪80年代，张培基先生在《英汉翻译教程》中依据“信、达、雅”把翻译的标准概括为“忠实、通顺”四个字。所谓忠实，“首先指忠于原作的内容，保持原作的风格”。所谓通顺，“即指译文必须通俗易懂，符合规范”。目前，“忠实、通顺”是我国翻译界公认的翻译原则。

然而，随着现代化信息传递理论的发展，人们对翻译的性质有了进一步的认识。奈达在《语言·文化·翻译》一书中进一步发展了“功能对等”理论，更加重视翻译中的文化因素。当他把文化看作一个符号系统的时候，文化在翻译中获得了与语言相当的地位。翻译不仅是语言的，更是文化的。进一步讲，翻译是随着文化交流而产生的，其主要任务是把一种民族文化传播到另一种民族文化中。翻译是两种文化间交流的桥梁。换句话说，翻译是跨文化传通。因此，依据翻译的性质和任务，我们完全可以从跨文化交流的角度把翻译原则归结为**文化再现**（culture reappearance）。

文化再现，首先指再现原语文化特色。鲁迅先生曾经指出，翻译必须“保存着原作的丰姿”。把这一句话进一步引申就是，译者必须忠实地把原语文化再现给译语读者，不得任意抹杀和损害原语民族文化色彩，力求保持原语文化的完整性和一致性。

例如：

《红楼梦》第二十四回贾芸对卜世仁说：“**巧媳妇做不出来**

没有米的粥来，叫我怎么办呢?”

译文一：

. . . and I don't see what I am supposed to do without any capital。Even the cleverest housewife can't make bread without flour.

(David Hawkes 译)

译文二：

Even the cleverest housewife can't cook a meal without rice. What do you expect me to do?

(Yang Xianyi and Gladys Yang 译)

原文中的“巧媳妇做不出没有米的粥来”即俗语“巧妇难为无米之炊”，意思是即使聪明能干的人，做事缺少必要条件也难办成。

译文一将“没米的粥”译成“bread without flour”（没有面粉的面包）。译者之所以这样译主要考虑到英美人的传统主食是面包，他们对大米不熟悉。所以将“米”转译成“flour”有利于英美读者接受和理解。但西式面包出现在中国古典小说中，与整个作品中的中国传统文化氛围不相协调，有损于原作的民族文化特色。译文二保存了原作中“米”的物质文化概念，符合作品的社会文化背景，再现了原语民族文化特色。

其次，文化再现还指再现原语文化信息。根据现代信息传递理论，信息科学从广义上讲是研究符号的表达与转换。从语言文化的角度研究，语言（符号）是文化（信息）的载体。由于语言与文化之间出现相互依存的关系，语言翻译既是两种语言的转换，自然也是两种文化信息之间的转换。实质上，翻译过程就是信息传递过程。因此，译者在翻译时不要拘泥于原文的字面意思，要深刻理解原文所承载的文化信息，并在译文中再现出来。

例如：

It was Friday and soon they'd go out and get drunk。

译文：

星期五发薪日子到了，他们马上就会出去喝得酩酊大醉。

如果译成"星期五到了，他们……"，表面上似乎忠实、通顺，可读者定会感到迷惑，不明白他们为什么到星期五就会出去买醉。译者要意识到其中的文化差异，使 Friday 一词在特定的语境中所承载的信息得以确切的理解和传递。原来在英国星期五是发薪水的日子，因此这里不妨将 Friday 具体化，使文化信息一目了然，跃然纸上。(《中国翻译》1996 年第 2 期)

总的来说，文化再现的翻译原则体现了翻译的性质和任务，译者应始终牢记，翻译的真正归宿是通过语际转换再现原语文化，其实质是交流文化信息。试想，如果翻译仅是语际转换上的忠实和通顺，没有能够再现出原语文化信息，那么这种翻译究竟有什么意义呢？

第二节 基本方法

由于语言与文化之间呈相互依存的关系，语言翻译既是两种语言的转换，自然也是两种文化信息间的转换，而这两种文化信息间的转换又是靠两种语言的转换来实现的。那么，怎样处理好两种语言文化之间的差异，在语言的转换中再现原语文化信息是摆在译者面前的一个难题。然而，问题并不仅仅如此，更令译者头疼的是不同文化之间存在着种种差异。因此，如何处理好两种语言间的文化差异成了翻译中的关键问题。下面是处理跨文化差异的几种翻译方法：

一 直译法

直译法指用译语中的“对应”词译出原语中文化信息。这能够尽可能多的保留原语文化特征，开阔译语读者的文化视野，促进两种文化间的交流。请看译例：

例 1：

不要失了你的时了！你自己只觉得中了一相公，就“**癞蛤蟆想吃天鹅肉**”来！

（吴敬梓《儒林外史》）

译文：

“Don’t be a fool!” he roared, “Just passing one examination has turned your head completely——you’re like a toad trying to swallow a swan!”

（Yang Xianyi 译）

原文中的“癞蛤蟆想吃天鹅肉”是一个形象的比喻，照字面直译不会给西方人的理解造成困难。相反，如果把它译成“to do what is impossible”，那就会使译文完全丧失了原文的丰姿，而显得索然无味。译文读者便不可能享受到汉语中这一脍炙人口的佳句，译者则在介绍中国文化方面放弃了自己的职责。

例 2：

“他一家子在这儿，他的房子、地在这儿，他跑？**跑了和尚跑不了庙**。”

（周立波《暴风骤雨》）

译文：

“Escape? But his home and property can’t escape。‘The monk may run away, but the temple can’t run with him!’”

俗语“跑了和尚跑不了庙”采用了直译法，既保存了原语中的形象，又能够转达原语的文化信息。

例 3:

And since that time it is eleven years;
For then she could stand high-lone; nay, by th'rood,
She could have run and waddled all about;

(Shakespear)

译文一:

算来也有十一年啦；后来好就慢慢地会一个人站得直挺挺的，还会摇呀摇的到处乱跑……

(朱生豪　译)

译文二:

是啊，自从那天起，就糊里糊涂过了十一年。对啦，断奶那天她就会站着，不，都跑了，东歪西倒的一会儿都不消停。

(曹禺　译)

译文三:

从那天到现在已十一年了；
那时她已经会站着了；是啊，**凭着十字架起誓**，
她已经会跑了，到处蹒跚着走；

(曹未风　译)

这是莎士比亚名剧《罗密欧与朱丽叶》(*Romeo and Juliet*)中的一段话。原文中的短语 by th'rood 即 swear by th'rood，意思是"对着十字架起誓"。众所周知，基督教是西方的主要宗教信仰。耶稣被钉死在十字架上，十字架是基督教信仰的标志。可见，by th'rood 带有浓厚的西方基督教文化色彩。三种译文中，译文一和译文二略去了这个有宗教文化含义的短语，只有译文三直译出了这个短语，再现了原语的宗教文化特征。

二　转换法

不同的民族，由于历史文化、生活地域、风俗习惯、宗教信仰等的不同，对同一事物的认识上也存在着差异。有些事物在一种语言文化里具有丰富的内涵和外延，且能引起美好的联想，而在另一种语言文化里却平淡无奇，毫无文化意义。翻译这种文化的个性和差异时需要进行变通处理，即把原语中带有文化色彩的词语（物象）转换成译语中带有同等文化色彩的词语（物象）。这种译法多用于习语和比喻性词语的翻译。

例如：

1. as strong as a horse　力大如牛

英国古代以马耕为主。英国人对马有深厚的情感，因此在英美文化中马是勤劳和吃苦耐劳的象征。与此相反，中国自古以来主要靠牛耕，且牛秉性勤劳忠厚，自然形成了中国人对牛的热爱和赞誉。所以英语中“as strong as a horse”，按照汉语的喻体则是“力大如牛”。

同类例子有：

lead a dog's life	过牛马不如的生活
laugh off one's head	笑掉牙齿
as hungry as a bear	饿得像狼
kill the goose that lays the golden eggs	杀鸡取卵
as scared as a rabbit	胆小如鼠
like a duck to water	如鱼得水

2. 亚洲四小龙　four Asian tigers

汉语中的“龙”字具有很重的文化意义，是“高贵、神圣、庄严、吉祥”的象征。而英语中的对应词 dragon 的文化意义是“怪物，魔鬼，凶残”等，象征着凶恶和残暴。但是，英语中的另一个词 tiger 却有与汉语“龙”相同的文化象征，所以“亚洲四小龙”译成英文应转换喻体。

同样的译例：

挥金如土　spend money like water

胆小如鼠　as timid as a rabbit

打草惊蛇　wake a sleeping dog

牛饮　drink like a fish

拍马屁　kiss sb.'s ass

热锅上的蚂蚁　like a cat on hot bricks

像只落汤鸡　like a drowned rat

从以上可以看出，由于地域、文化和思维等诸多方面的差异，不同民族观察认识事物的角度和方式不同。特别是习语都具有比喻意义，并能让人产生联想，但这种比喻和联想是由各民族的现实环境和社会状况决定的。由于民族文化的不同，对同一概念，英汉用不同的动物作比喻，而对同一动物，英汉民族又有着不同的联想。在翻译时，如果片面追求保留原文的表达方式，必然会使译文令人难以理解和接受，影响对原语信息的传达。因此，在翻译过程中，根据不同的文化背景下的表达习惯，人们可以用转换的方法来表达相同或相似的比喻意义，传递原语文化内涵及交际意义。

三　译注法

原文中的一些历史事件、人物、典故往往带有一定的文化色彩。译者在处理这些词语时可先直译，然后在此基础上采用增词和加注等方法予以解释或说明文化背景。这样不仅可保留原文的文化色彩，也有利于读者对原文的理解。

（一）增词

1. The staff member folded like an accordion.

译文：

这个工作人员就像合拢起来的手风琴似的——不吭声了。

2. At home and abroad there is a strong dissenting view that sees the treaty as a new Munich.

(*New York Times*)

译文：

国内外一致提出强烈异议，认为该条约是一项新的**慕尼黑阴谋协定**。

3. 三个臭皮匠，顶一个**诸葛亮**

译文：

Three cobblers with their wits combined equal Chukeh Liang, the master mind.

“诸葛亮”是中国历史上的著名人物，在中国人民的心目中是智慧的象征。但英语读者不知道他是什么人。译文中增加 with their wits combined 和 the master mind，充分再现了原语的文化信息。

同样，“班门弄斧”应译为：show off proficiency with axe before Lu Ban, the master carpenter.

（二）注释

1. Of twelve adults adept at polysyllabic discourse who were polled recently, only three declared they could say February correctly, that is to pronounce the first as well as the second r . . . So February, not April, is the cruelest month. Thank Heaven it's now March.

(*New York Times*)

译文：

最近一次民意测验表明，在十二位擅长多音节词发音的成年人当中，只有三个声称可以正确地读出“二月”（February）一词，即能够发好第一个和第二个 r 音……因此，应该说**最残酷的月份是二月而不是四月**。谢天谢地这会儿已到了三月。

注释：出自艾略特的长诗《荒原》中的开篇诗行：“四月是最残酷的月份……”原诗描述了四月对万物产生近于残酷的催生作用，此处为典故活用。

（《中国翻译》1997 年第 1 期）

2. All this will not be finished in the first one hundred days. Nor will it be finished in the first one thousand days, nor in the life of this Administration, nor even perhaps in our lifetime on this planet.

（John F. Kennedy）

译文：

所有这一切都不会在**第一个一百天**内完成，也不会在第一个一千天内完成，不会在本届政府任期内完成，甚至也许不会在我们这一辈子完成。

注释：原指富兰克林·罗斯福总统执政后推行“新政”的第一个一百天。

（《中国翻译》1997 年第 1 期）

3. 然后岫烟也钓着了一个，随将竿子仍旧递给探春，探春才递与宝玉。宝玉道：“我是要做姜太公的。”便走下石矶，坐在池边钓起来，岂知那水里的鱼看见人影儿，都射到别处去了。

（《红楼梦》第八十一回）

译文：

When Hsiu-yen had followed suit and returned the rod to Tan-chun, she handed it to Pao-yun. “I'm going to fish like Chaing Tai Kung,” he announced as he walked down the stone steps and sat down by the pool. But his reflection frightened the fish away.

（Yang Xianyi and Gladys Yang　译）

“姜太公钓鱼，愿者上钩”是一个典故。为了让读者了解这一典故的文化蕴意，译者对“姜太公”加了脚注：Chiang Shang of the eleventh century B. C. was said to fish by the Weishui River (present Shensi), hold a line with no hook or bait, three feet above the water, and saying at the same time, “Whoever is ordained, come and take the bait.”

四　意译法

许多情况下，由于两种语言的表达方式和文化背景迥异，原语中带有文化色彩的词语在译语中没有完全相对应的词语来表达，且译注法和转换法也不能传达其文化意义。这时，只有采用意译法来表达。所谓意译是指舍去原语的语言形式和字面含义，在译语中，用跨文化的“对等”词表达出原语的文化信息。必须指出，这种跨文化的“对等”严格上讲只是文化意义上的相似。这就不可避免地会在一定程度上造成原语文化意象的缺损。

例如：

1. “芹儿呀，你便狠狠地说他一顿……还打发个人到水月庵，说老爷的谕：除了**上坟烧纸**，若有本家爷们到他那里去，不许接待。……”

（《红楼梦》第九十四回）

译文：

“As for Chin, you must give him a good talking to... And send word to Water Moon Convent that, on the master's orders, they're not to receive young gentlemen from our house except when: they go to <u>sacrifice at one of the grave</u> there...”

（Yang Xianyi and Gladys Yang　译）

“烧纸”是东方人祭祀亡灵的一个特殊文化习俗。英语词 sacrifice 可以表达类似的含义。这里如果将“烧纸”直译成

"burn pieces of paper"，就会失去其"祭祀"的文化特征。

2. 这不是**打落水狗**么？三先生欠公道，薛宝珠有什么功劳，升她？

（茅盾《子夜》）

译文：

"Why, that's Kicking a man when he' s down! It's not fair and what's Hsuch Pao-chu done that she should be promoted?"

（Hsu Meng-hsiang　译）

对中国人来说，狗是一种令人讨厌的动物。汉语中常用狗比喻坏人，如"狗头军师"、"狗腿子"等。而西方人眼中的狗是非常可爱的动物，是忠实的象征。由于这种文化概念的差异，如果把"打落水狗"直译成 hitting a dog when he falls in water，西方读者则不会把狗与某类人联系起来，反而会认为人类太残酷无情了。

3. It is a Greek gift to you.

译文：

这是**图谋害**你的礼物。

"Greek gift"出自希腊神话中希腊人智取特洛伊城的"木马计"，其意思是"图谋害人"。假如把这句话照字面译成"这是给你的希腊礼物"，就会使文化含义丧失殆尽，汉语读者也无法理解。

4. It was another one of those Catch-22 situations, you're damned if you do and you're damned if you don't.

译文：

这真是又一个**左右为难的尴尬**局面，做也倒霉，不做也倒霉。

此句中的"Catch-22"是一个文学典故，出自美国当代小说家海勒（Joseph Heller）的小说《第二十二条军规》。因此，Catch-22具有较强的文化意义，如果直译为“第二十二条军规”，中国读者就会不知所云，不如意译为“左右为难的尴尬局面”。

五 音译法

一些原语文化中特有的物象在译语中是“空白”或“空缺”。这时只能采用音译法把这些特有的事物移植到译语中去。这不仅保存了原语文化的“异国情调”，又可吸收外来语，丰富译语语言文化。

例如：

1. “狗不理”包子是我国天津市一种有百年历史的风味小吃。清光绪年间，在天津侯家后有家包子摊，摊主叫高贵友，乳名“狗子”。他蒸的包子味美价廉，顾客付钱后，自取包子，掌柜对其他概不理睬。日久天长，人们笑他：“狗子卖包子，一概不理”，传来传去传成“狗不理”了。因此高家包子摊虽然命名“德聚号”，却知者甚少，“狗不理”倒成了包子摊的名号。“狗不理”包子的特点是小磨香油，上等酱油，高汤调馅，同时还根据不同季节，改变肥瘦肉的配合比例。每个包子都掐十七八褶，匀称美观。目前“狗不理”包子已在全国许多旅游城市设立分店，并远销国外。

美国旧金山有一家中国饭馆。饭馆的英文菜单上，周末早午餐部分写着“狗不理”包子，英文名是“Dog won't leave”。狗不离包子，自然就不理主人，正合中文原来的含义，实乃妙译。（《中国翻译》1992年第1期）

然而，我们认为，这个译名实在不妙，与原来中文名的含义相去甚远。包子同饺子一样是我国特有的传统食物，具有丰富的中国文化内涵。包子在西方饮食文化中是“空白”，只能采取音译的方法。且“狗不理”根本不是陈中绳先生在《汉英词语翻译漫谈》一书中解释的那样：但是好些同志听了却不以为然，说“Dog won't leave”不成了“狗不离”了吗？可汉语却明明是“狗不理”呀！可是我总认为译作“Dog won't leave”并无不可：从狗对其主人的态度来说，尝到了包子的滋味儿之后，连主人唤它也不理了；但是从狗对包子的态度着眼，则是离不开包子，主人走了它理也不理——还待在包子店里不肯离开。这样看来，当然可译“Dog won't leave”了。这是译文的反面（或侧面）着笔吗？

“狗不理”与狗没有任何联系，实际上是包子的品牌名称，也只能音译。“狗不理”包子的英文名应为：Goubuli Baozi。

类似的译例还有：

孔子　Confucius（“孔夫子”音译）

风水　Fengshui

叩头　kowtow

功夫　kongfu

炕　kang

阴阳　Yin and yang

再如：人参 Ginseng，麻将 Mahjong，舢板 Sampan，丝绸 Silk（源于中文的“丝”），太极或太极拳 Tai-chi（chuan），台风 Typhoon 等。

2. People considered that what he had played on that occasion was no more than a Judas kiss.

译文：

人们认为他在那种场合所表演的不过是**犹大之吻**。

英语中的 Judas kiss 出自圣经故事。犹大是耶稣门徒之一。据《新约》记载，为三十块银币出卖了耶稣。他与耶稣亲吻，以此让罗马人认出耶稣。《新英汉词典》将 Judas kiss 译为“奸诈，口蜜腹剑，阴险的背叛”。这样意译的确无错，但平淡无奇，失去了原语文化色彩，不如半音半意将其译成“犹大之吻”，保留了原语宗教文化的生动形象。

类似的例子还有：

Achilles' heel　阿基里斯的脚踵（唯一致命弱点）

Trojan horse　特洛伊木马（阴谋诡计）

meet one's Waterloo　遭遇滑铁卢（一败涂地）

a Penelope's web　珀涅罗珀的织物（永远完不成的工作）

a Pandora's box　潘多拉盒子（表示灾难、麻烦、祸害的根源）

再如：hamburger 汉堡包，golf 高尔夫球，jazz 爵士乐，sauna 桑拿浴，ballet 芭蕾舞，cool 酷，hacker 黑客，e-mail 伊妹儿，AIDS 艾滋病，clone 克隆，salad 色拉 等。

第三节　译者的跨文化素养

一　译者应提高对文化的敏感性和自觉性

传统的翻译观把翻译的重点放在语言方面。译者的注意力都集中在词语、短语、句子的翻译上，而忽视了文化方面所造成的问题。目前这一状况有所改善。翻译界已认识到翻译中的文化问题比语言问题更重要。因此，译者应改变旧的翻译观念，提高对文化的敏感性，自觉地把注意力放在文化方面，灵活处理两种文化差异。

二　译者应成为文化的传播者

翻译作为一种语际间的交际，它不仅是语言转换过程，同时也是文化交流的过程。译者是这个过程中的主体。我们认为，译者的职责和最高原则应是忠实于原作，再现原作的文化内涵，实现文化交流。从这种意义上讲，译者应成为文化的传播者。例如，《红楼梦》是一部带有浓厚的中国传统文化色彩的古典小说，目前已有两个完整的英译本，一本是霍克斯的 *The Story of Stone*，另一本是杨宪益夫妇的 *A Dream of Red Mansions*。可以肯定地说，这两个译本都是很成功的。但是人们对两个译本进行对比研究后发现，在文化内容的翻译上杨译本优于霍译本。杨译本忠实于原作，传播了中国文化。

三 翻译工作者必须是一个真正的文化人

这是王佐良教授对译者提出的要求。由于翻译涉及两种语言文化，且他们之间存在着种种差异，这就要求译者必须精通两种语言文化。奈达在总结了语言文化的特征后，给译者划定了必备的文化知识框架：（1）生态学（Ecology）；（2）物质文化（Material culture）；（3）社会文化（Social culture）；（4）宗教文化（Religious culture）；（5）语言文化（Linguistic culture）。这清楚地告诉我们，翻译中的文化问题所涉及的范围非常广泛，内容十分丰富。人们常说，翻译是一门杂学。“杂”实际上是指文化的庞杂。因此，译者要不断地丰富自己的文化知识，触类旁通。一个宽厚扎实的文化功底，才能够使译者肩负起跨文化交流的重任，成为“一个真正的文化人”。

第三章

语言文化与翻译

第一节　词语的社会文化意义

语言是随着社会的发展而产生的。不同社会政治制度、文化背景和历史发展时期都会给语言打上深深的烙印。

词是语言的一种表意单位，反映某个社会文化，形成了不同语言文化之间词意的差异。文化翻译就是要研究不同语言文化之间词的内涵意义，从社会文化角度探索翻译的方法。

一　一些译语词仅表达了所对应原语词的部分文化信息

例 1：

《汉英词典》中“社会科学”被译为“social sciences”。许多人认为这个译法没有什么问题，汉语的“社会科学”正好与英语的“social sciences”相对应。然而，这种译法和这种认识都是站不住脚的。汉语“社会科学”与“自然科学”相提并论，而英语中把 natural sciences（自然科学），social sciences（社会科学）和 humanity（人类学）三门学科相提并论。由此可见，汉语“社会科学”的概念包括英语的 social sciences 和 humanity。所以，把“社会科学”译成“social sciences”不妥，应译为 social sciences and humanity。

例 2：

我们的教育方针是培养有社会主义觉悟的有文化的**劳动者**。

译文：

Our educational policy is to train cultured laborers with socialist consciousness.

汉语中“劳动者”指从事体力劳动和脑力劳动的人。“体力劳动者”，包括工人、农民等。“脑力劳动者”包括教师、医生、科学家、工程师、政府公务员等。但英语 laborer 意思是“劳工、苦力”（man who performs heavy unskilled work）（《现代高级英汉双解辞典》）仅指体力劳动者，只是汉语“劳动者”的部分含义。实际上，英语“worker”一词包括体力和脑力劳动者。因此，上面这句话应译为：

Our educational policy is to train cultured workers with socialist consciousness.

例 3：

英语 politics 的汉语对应词是“政治”。这似乎无可挑剔。但细究起来，两个词之间有一定的社会文化差异。《现代汉语词典》对“政治”的解释是：“阶级、政党、社会团体和个人在国内及国际关系方面的活动。在阶级社会中政治就是阶级关系和阶级斗争。”而英语 politics 仅指“政治信念或政治学”。这里不难看出，汉语“政治”比英语 politics 的含义要广泛得多。译者在翻译中应充分注意这一差异。

二　译语词与原语词表达不同的文化信息

例 1：

He launched an attack on the use of propaganda to intimate the population.

译文：

他对于使用宣传来恐吓民众的做法大加攻击。

显然，propaganda 在这里是一个贬义词，含有“虚假、撒谎、欺骗”等文化意义。汉语“宣传”则是褒义词，意思是“对群众说明解释，使群众相信并跟着行动”。因此，英语 propaganda 与汉语“宣传”的文化意义不能等同。鉴于这种差异，翻译中可用中性词 publicity 表达汉语“宣传”的意思。例如：“宣传党的方针政策”可译为 to publicize the Party's general and specific policies。

例 2：

资产阶级自由化 bourgeois liberalization

在汉语中，“资产阶级自由化”一词是在特定的社会背景下产生的，有强烈的社会文化意义，指一种政治思潮，目的是推翻社会主义，走资本主义道路。而英语 bourgeois liberalization 的社会文化意义是指一种政治思想，有积极和进步的作用。可见，汉语资产阶级自由化和 bourgeois liberalization 的社会文化含义截然不同。对于这种差异，可以用增译的手法予以补偿。“资产阶级自由化”可译为 bourgeois liberalization aiming at capitalist restoration。

例 3：

She has always been an idealist. So you can understand why she turned down a good job offer to work among refugee immigrants and low-income groups after she got her degree in social studies.

译文：

她一向追求自己的理想。因此，可以理解，她得到社会学学位后，拒绝了一项很不错的工作，却到逃难来美国的移民中和低收入阶层中去工作。

这段话中，“她”是一个“理想主义者”或“追求理想的人”。然而，汉语中用“唯心主义”来表达 idealist。事实上，汉语中把“唯心主义”与“唯物主义”相对立，前者是受到批评的一种观念。如果不注意这一社会文化差异，就会出现错译。

通过以上译例可以看出，词语的翻译要着眼于两种语言文化之间的差异，采用增译或意译的方法表达其社会文化意义。

第二节　“不折腾”英译争议及翻译

“不折腾”是一句北方方言，胡锦涛同志在 2008 年 12 月 18 日纪念中共中央十一届三中全会召开 30 周年大会的讲话中引用了这句话。在 2008 年 12 月 30 日国新办新闻发布会上，有记者再度问及“不折腾”时，现场翻译干脆用汉语拼音直译“BU ZHE TENG”。然而，这个翻译在社会上和翻译界引起了极大的争议，有许多人也尝试另一些译法。笔者认为，“不折腾”直译“BU ZHE TENG”以及后来其他各种翻译是否确切地表达其含义，是一个值得商榷的问题。

一　BU ZHE TENG（拼音直译——不折腾）

这是 2008 年 12 月 30 日国务院新闻办发布会上的现场翻译。

这是“不折腾”目前最有影响的翻译，因为出现在官方的新闻发布会上，应该说具有权威性。译员采用了拼音直译的方法。有人认为：“‘不折腾’直译英语一事是人们始料不及的，既事先没有英语权威人物去作什么考证，也没有什么机构作出学术鉴定，完全是现场翻译的‘急中生智’。然而，事情就这么巧妙，一句‘不折腾’直译却获得了广泛认同。”其实不然，“不折腾”的临场拼音直译不是“急中生智”，只能是“临时抱佛脚”，需要认真考虑。

首先，根据翻译理论和原则，翻译是通过把一种语言转换成另一种语言，如实地转达原文（原话）的意思和风格，使语言不通的人能够相互沟通、理解。胡锦涛同志所讲的“不折腾”寓意极其深刻，具有重大的社会文化意义。“不折腾”的直译外国人根本听不懂，很难让译入语读者（外国人）理解其深邃的内涵，起不到翻译沟通交流的目的，这样就失去了翻译的意义。

其次，“不折腾”的翻译不符合音译法的基本原则。音译法通常适用于将原语文化中一些特有的、在译入语中“空白”或“空缺”的物像词语，即具有不可译性的事物性名词移植到译入语中去，例如，炕（kang），叩头（kowtow）等。而在“不折腾”一句中，“折腾”是一个动词，英语中有相应的词语（turn from side to side，toss about，toss and turn，do something over and over 或 make trouble 等），还有“不”是否定副词，英语中并非“空白”或“空缺”，完全可以用 not，no，never 或 don't 来翻译，直接音译为“bu”实在没有必要，是十分不恰当的，也没有任何理论和实践依据。如果说 turn from side to side 或 make trouble 等词语在这里不能很好地表达“折腾”的意义，需要拼音直译“折腾”，将“不折腾”翻译成“Don't zhe-teng”（佚名译）更符合音译法的原则。

二　avoid self-inflicted setbacks（避免人为造成的倒退）

中国驻纳米比亚大使任小萍对“不折腾”含义的解读是完全正确的，她采用了意译的方法，译文“avoid self-inflicted setbacks”比“不折腾”的拼音直译有可取之处，外国人起码可以听明白其中某些意思。但是，要说是“准确精彩表意恰当”，还值得进一步探讨。“avoid self-inflicted setbacks”倒译成中文是“避免人为造成的倒退”，与原文“不折腾”的表意还是有差别，只能说是意义相近。

从语句角度分析，“不折腾”是个否定句，任小萍大使没有用否定句式，而用 avoid 将其转换成了肯定句。原语“不动摇、不懈怠、不折腾”构成排比句，“三不”连用读起来如此铿锵有节奏。如果将第三个句子“不折腾”转换成了肯定句，那么前两个句子“不动摇、不懈怠”是译成用肯定句还是否定句，要不要三个句式保持一致呢，这些都是应该认真反复推敲的问题。有人将“不动摇、不懈怠、不折腾”译成三个相应的英语否定句，“Don't waver, don't relent, and don't do much ado about nothing”（高志凯译）。相比之下，“不折腾”译成否定句应该说更妥当一些，符合句子的逻辑关系。

从词语角度讲，任小萍大使感觉到 self-inflicted、setbacks 用得“比较恰当”，原因是：

“Self-inflicted” has the connotation of creating the unnecessary pain for one self.

折腾 in Hu's speech has a strong connotation that such kind of setback is self-seeking instead of being due to the interference from outside.

“Setback” is a much better word than “trouble”, which an unseasoned translator would like to use in the first instance. “Setback” especially refers to the obstacle or difficulty encountered in achieving a strategic goal.

实际上，self-inflicted、setbacks 这两个词语在英语中的使用频率都不很高，特别是 setbacks 与 trouble 相比，trouble 的使用频率比较高，普遍为外国和中国读者所熟悉。因此，将“不折腾”

译成“no trouble-making”（北京大学季羡林译），就显得简洁明了，更加容易被读者所理解和接受。其原因是，无论在哪种语言中，简单易懂是言语使用的普遍原则，人们使用语言时通常有一种惰性。

三　其他翻译

Don't flip flop　别翻来倒去，朝三暮四

don't get sidetracked　别走岔路

don't sway back and forth　别反复

avoid futile actions　不做无用功

concentrate on what are supposed to do　专心做该做的事情

stop making trouble and wasting time　停止捣乱浪费时间

act blindly/foolishly　盲目行动

take rash action　草率行事

no dithering　不踌躇

no major changes　没有重大变化

no self-consuming political movements　不搞自我消耗的政治运动

以上的几种译文中，只有 no self-consuming political movements（佚名译）意思比较贴近原文，其他译文均没有反映出“不折腾”的含义。

四　“不折腾”的翻译尝试

首先，我们解读一下“不折腾”的社会文化意义。任小萍大使认为：“建国以来，因内外因素而走的冤枉路并不少。历次的政治运动和反复都给国家发展造成不少损伤，‘文化大革命’是损伤最大的一次。改革开放也几经受挫，成功来之不

易。如今，将过去的曲折、错误一律以‘折腾’称之，表明中国不再做与经济发展无关的、内耗的路线辩论或政治斗争，‘不折腾’的确有现实针对性，而且微妙贴切。”四川刘大桥认为：“从中国当代历史上看，无论是‘大跃进’‘折腾’的历史，还是‘文化大革命’‘折腾’的历史，都让中国付出了沉重或惨重的代价，‘不折腾’就是中国领导人从这些教训中总结出来的智慧，同时也是人民的心声和愿望。”通过分析可以看出，“不折腾”实质上是指“不要搞政治运动”。再来看一下“不折腾”使用的语言环境，这个词语是引用在纪念改革开放 30 周年大会的讲话中，也就是指不要再搞像“文化大革命”那样“乱折腾”的政治运动。因此，“不折腾”的译文必须反映这一社会文化信息。

其次，我们再从翻译的角度来考量“不折腾”的译法。从以上分析可以看出，“不折腾”所含信息量大，寓意深刻，不能简单使用拼音直译法，而应该采用意译加注释的方法，以便使译入语读者（外国人）能够理解其意思。同时，译文应采用否定句式，与前面两个“不动摇、不懈怠”形成连续否定，在逻辑上保持一致。

综上所述，笔者在其他翻译的基础上尝试将“不折腾”译为以下两种，供大家参考和讨论。

1. don't make trouble like the Culture Revolution in China

（不动摇、不懈怠、不折腾 don't hesitate, don't be content, and don't ～ ）

2. no self-consuming political movements like the Culture Revolution in China

（不动摇、不懈怠、不折腾 no faith-wavering, no effort-relaxation, no ～）

第三节 颜色词的文化含义及翻译

颜色词是指语言中用来描述事物某种颜色的词。汉语的基本颜色词有：赤（red）、橙（orange）、黄（yellow）、绿（green）、青（black）、蓝（blue）、紫（purple）。英语中有九个词表示基本颜色，它们分别是：red（红色）、white（白色）、black（黑色）、green（绿色）、yellow（黄色）、blue（蓝色）、purple（紫色）、grey（灰色）和brown（棕色）。虽然，汉英两种语言中的这些颜色词只占众多词汇中的一个极小部分，但是由于环境、历史、文化背景不同，同一种颜色在不同民族中所引起的联想意义，有些是相同的，但有些却大相径庭。因此，译者在翻译颜色词时应充分考虑到这种差异，采取相应的处理方法。

一 颜色词的译法

第一，虽然汉英两个民族对同一颜色的联想有差异，但是为了保持原文的风格和民族文化特色，不妨采取直译。这里我们用一个实例来说明这个问题。

英国人霍克斯在翻译《红楼梦》时对汉语的“红色”进行了变通处理。

例1：

贾宝玉神游太虚境，警幻仙曲演红楼梦。

译文：

Jia Baoyu visits the Land of Illusion;

And the fairy Disenchantment performs the

"Dream of Golden Days".

例2：

贾宝玉品茶栊翠庵，刘姥姥醉卧怡红院。

译文：

Jia Baoyu tastes some superior tea at Green Bower Hermitage;

And Grannie Liu samples the sleeping accommodation at Green Delights.

这里霍克斯把“红楼梦”译为“Dream of Golden Days”（金黄色日子的梦），“怡红院”译为“Green Delights”（绿色的庭院）。译者之所以这样译主要是考虑到中国人和英美人对颜色的联想不同。汉语文化中，红色表示喜庆、幸福和吉祥如意。而在以英语为母语的英美人眼中，绿色和金黄色具有类似的联想意义，红色则意味着流血、恐怖和危险。因此，译者把汉语的“红色”处理成英语的 green（绿色）或 golden（金黄色）以利于读者的理解和接受。然而，这种译法有失汉语文化特色，没有能够向英美读者介绍汉语“红色”的文化意义。

从文化的角度来讲，翻译应再现原语文化信息。颜色的翻译也不例外。《红楼梦》中的“红色”不妨直译成 red，使英美读者了解红色在汉语文化中的意义，杨宪益翻译的《红楼梦》就采用了直译的方法，得到翻译界的认可。

第二，同一颜色在汉英两种语言文化中引起的联想趋同，可采取直译的方法。例如，黑色（black）在汉英两种语言中都表示暗淡、非法、坏的意义。

例如：

black list　黑名单

black market　黑市交易

黑死病　black death

黑心的　black hearted

第三，汉语和英语都有许多词组含有颜色词。在这种情况下，千万不要照字面直译，而应根据两种语言的不同表达法，意译其内涵。

例如：

红茶　black tea

红糖　brown sugar

红尘　the world of mortals; human society

black mail　**敲诈；勒索；敲诈或勒索之款**

black coffee　不加牛奶之咖啡（通常很浓）

二　颜色词的文化含义及翻译

（一）红色 red

汉语中红色表示喜庆、欢乐、愉快等。如在传统婚礼中新娘穿红色衣服，顶红盖头，春节时贴红色对联，同时中国人往往把红色与成功和胜利联系在一起，如“开门红”、“走红运”、“满堂红”等。而在英语中 red 却有战争、流血、恐怖的意思，常常表示愤怒和犯罪。

例如：

red-handed	正在犯罪的，现行犯的
red rag	激起愤怒强烈感情之物
make sb. to see red	使某人发怒，生气（源于西班牙斗牛时，斗牛士用红布来引逗牛发怒）
red flag	红旗（危险的信号，开战旗），激人发怒的东西
red light	红灯（危险的信号）
a red battle	血战
red ruin	战祸

英语中 red 也可理解为喜庆、充满活力、热烈等。

例如：

Red-letter （指一天）月份牌上印红字的（如圣徒之节日或其他节日）

in the red 健康，强壮

red-blooded 精力旺盛的

a red-carpet reception 热烈欢迎（地上铺红毯以示敬意）

红色还可表示欠债。

例如：

in the red 负有债务

get out of the red 不再亏空，获利

下面是“红色”汉英互译实例。

1. 汉译英

（1）别跟他再闹了，再闹，他可要**眼红**了。

译文：

Don't tease him any more or he'll <u>see red</u> in a minute.

（2）一朝春尽**红颜老**，花落人亡两不知。

（曹雪芹《红楼梦》）

译文：

The day that spring takes wing and <u>beauty fades</u>, who will care for the fallen blossom or dead maid?

2. 英译汉

（1）He was the first European head of state to visit their country, and they rolled out the <u>red carpet</u> for him.

译文：

他是第一个访问该国的欧洲首脑，他们用**隆重的礼仪**来欢迎他。

（2）He is a man of much <u>red blood</u>.

译文：

他是个**生气勃勃**的人。

（3）The red tape in government offices should be done away with.

译文：

废除政府机关中的**官僚习气**。

（二）白色 white

在我国，白色与死亡、丧事相联系，表示不幸、不吉利和悲伤之意。人们在葬礼上穿白色孝服，前往吊唁的人胸戴白花，表示哀悼。截然不同的是，英语中的 white 却代表着善良、纯洁、幸福等。在英美国家里的婚礼上，新娘穿白色礼服，披白色婚纱，其寓意为新娘的童贞和纯洁及新婚夫妇爱情的纯洁和忠贞不渝。

英语中的 white 还含有公正、高尚以及虚弱、胆怯等不同意义，与汉语的"白色"毫无关系或关系甚少，翻译时应予以注意。

例如：

mark one's name white again　洗清污名，雪耻

white man　高尚的人，有教养的人

white-handed　正直的，廉洁的

white lie　无恶意的谎言（尤指客气时所说的）

white sheep　坏人中的善人

white light　公正无私的裁判

white witch　做善事的女巫

white hat　好人，英雄（出自美国早期无声电影，剧中的好人、英雄戴的帽子）

white knight　白衣骑士（指政治上改革或事业上的得胜者）

white-lipped　嘴唇发白的，（尤指）吓得嘴唇发白的

white-livered　怯懦的，胆小的

white coffee　加牛奶的咖啡

white elephant　昂贵而无用之物

white war　不流血的战争

white room　极为清洁的房间（如手术室）

white moments of life　人生得意之时，人生交运之时

to stand in a white sheet　当众忏悔

同样，在汉译时，应当注意有“白”字的汉语词语，其中“白”字与颜色无关。

例如：

白费事　all in vain, a waste of time and energy

白开水　plain boiled water

白肉　plain boiled pork

白菜　Chinese cabbage

白痴　idiot

白字　wrongly written or mispronounced character

白手起家　build up from nothing; start from scratch

白面书生　pale-faced scholar

（三）黑 black

黑色在汉英两种语言文化中的联想意义基本相同。

黑色为悲哀之色。西方人在葬礼上穿黑色服装。在我国，参加葬礼的人也在袖子上戴黑纱，都是表示为死者的去世感到悲伤。

黑色为邪恶之色。汉英两种语言中有不少词语与黑色相联系，含有“坏的”、“阴险”、“可恶”等意思。

例如：

败家子，害群之马　black sheep

凶日　black day

things looks black　事态险恶

a black future　暗淡的前途

a black lie　不可饶恕的谎言

black Friday　黑色星期五

black mist　黑雾（指财政界的贪污腐化，营私舞弊）

Black Hand　黑手党（黑社会组织）

另外，英语中 black 还表示“盈利”、自然的黑肤色、文学流派等。

be in the black　（公司等）有盈利

a black mayor　黑人市长

black humor　黑色幽默（包括怪诞，恐怖）

black comedy　黑色喜剧（以荒诞病态和夸张的幽默手法表现对现实世界失望的一种戏剧流派，有时也指恐怖内容）

汉语中一些含有“黑色”的词语和英语中一些含有 black 的词语与颜色毫无关系或关系甚少。

例如：

1. 汉译英

(1) 揭穿黑幕

译文：

tell the inside story of a plot

(2) 广场是黑压压地挤满了人。

译文：

The square was thronged with a dense crowd.

2. 英译汉

(1) They put down the speech in black and white.

译文：

他们把演讲稿**印**出来了。（black and white 书写品；印刷品）

（2）It would be a black day for this country if everyone else takes the same hopeless attitude as you do.

译文：

如果人人都像你那样不求上进，这个国家就完了。

（四）绿色 green

绿色是大自然赋予的生命之色。在汉英两种语言文化中，绿色是生机盎然、青春、和平的象征。

例如：

1. 汉译英

群山**绿油油**的，真美丽。

译文：

The mountains were beautifully green.

2. 英译汉

in the green mood　**青春旺盛**的年代

Green Peace　**绿色**和平组织

英语中还常用 green 表示没有经验、不成熟或嫉妒等。

例如：

（1）A typist who is green at her job.

译文：

没有经验的打字员

（2）He is still green .

译文：

他仍未**成熟**。（他是一个小毛头。）

（3）These tomatoes are still too green to pick.

译文：

这些番茄还**未成熟**，不能摘采。

（4）green with envy

译文：

十分嫉妒

下面是英语中含有 green 的词语：

greenback　美元纸币，美钞（因票面为绿色而得名）

greengrocer　蔬菜水果店老板，菜贩

greenhorn　易受骗的人，不懂人情世故的人

greenhouse　温室

greenroom　（剧场的）演员休息室，后室

greenfingers　无艺术能力（本事）

green corn　嫩玉米

a green Christmas　没有下雪的圣诞节

Green Revolution　绿色革命（指发展中国家为解决粮食问题所进行的改善自然环境发展农业的活动）

green wound　未愈合的伤口

（五）黄色 yellow

对中国人来说，黄色是尊贵之色。中华民族发祥于黄河两岸的陕西、山西、河南等地区。这里土地是黄颜色，所以黄色是万世不易的大地自然之色，代表了天德之美，被尊为帝王之色。汉语中，“黄帝”一称就是用尊色作谥号的。皇帝的文告叫“黄榜”。天子穿的衣服叫“黄袍”。“黄袍加身”是指被部属拥立为帝。而英语中的 yellow 的含义与汉语黄色有不同之处，尤其在美国俚语中 yellow 含有胆小卑怯之意。

例如：

a yellow dog　（美）可鄙的人，卑鄙的人

a yellow livered　（美）胆小鬼

但是，汉语中的黄色与英语中的 yellow 同有“低级庸俗”、

“色情”、“淫秽”之意。

例如：

黄色电影 pornographic movie; sex film

黄色书刊 pornographic books and periodicals

黄色音乐 decadent music

yellow journalism **黄色**新闻（指一种黄色新闻的编辑作风，即不择手段地夸张、渲染以招揽和影响读者的一种新闻编辑作风）

另外，英语中 yellow 可用来作为组织或事物的特定颜色。

例如：

Yellow Book **黄皮**书（法国政府的报告书）

yellow page **黄页**电话查号簿（指按不同行业分类的电话号码簿，用黄纸印刷）

（六）蓝色 blue

蓝色是天空之色，海洋之色。通常海军的军服为蓝色。人们常用蓝色象征海军。

英语的 blue 是一个很活跃的颜色词。英译汉时应注意其内在含义。

blue 含有“沮丧”、“忧郁”、“（脸色等）发青的，没有血色的”等意思。

例如：

I am feeling rather blue. 我觉得有些**沮丧**。

look blue **闷闷不乐**，（形势）**不佳**

be in a blue mood 或 have blues **情绪低沉；没精打采**

a blue Monday **倒霉**的星期一（指过了愉快、幸福的周末，星期一又要上班或上学，所以情绪不佳）

Things look blue. 形势**不妙**；事**不称心**。

to feel blue about the prospect　对前途感到**悲观**

Her hands were blue with cold.　她的两只手冻得**发青**。

blue 还可用来表示社会地位高、有权势或出身名门望族等。如 blue blood（贵族血统，出身名门）。英语中还有 blue book 蓝皮书，一指国会、政府报告书（封皮为蓝色），二指名人录。

blue 在英语中也可以理解为下流、黄色的等意思。

例如：

blue talk　**下流**言论

blue films　**黄色**电影

blue revolution　**性**解放

make a blue joke　开**下流**的玩笑

The woman made the air blue here and there.　那个妇女到处**骂街**。

另外，blue 所构成的词组的含义，如：

drink till all's blue　大醉，一醉方休

be blue in the face　（因大怒或过分费力）弄得脸上突然变色

once in a blue moon　极为稀罕，千载难逢（地）

out of the blue　出其不意地，意想不到地，如晴天霹雳

（七）紫色 purple

与汉语中的黄色一样，紫色在英语中为尊贵之色，象征着王位、显贵和权力。

例如：

be born in the purple　出生于**帝王之家**，生于**显贵之家**

the purple　（昔日帝王显贵穿的）**紫袍，王位，高位**

raised to the purple　**升为红衣主教**

marry into the purple　**嫁到显贵人家**

其他颜色词汉英两种语言文化中也可以引起某种联想，这里不再一一赘述。总而言之，颜色词的象征意义与各民族社会、历史、生活和文化密切相关。译者在翻译时要根据语言环境，把握颜色词的文化含义，切勿望文生义。

第四节 典故的文化背景及翻译

一 典故及其来源

据《辞海》解释，典故是“诗文中引用的古代故事和有历史出处的词语”。

邓炎昌和刘润清合著的《语言与文化》中写道：“几乎所有的人在说话和写作时都引用历史、传说、文学或宗教中的人物或事件。这些人物或事件就是典故。”概括起来，凡在口头语和书面语中引用的古代故事、历史人物、历史事件和有历史出处的词语都属于典故的范畴。汉语的“守株待兔”、“说曹操，曹操到”、“情人眼里出西施”等熟语中有典故。英语的 Lazaras、Gordian knot、Odyssey 等词都有其历史渊源。

下面是典故的主要来源：

（一）大量的典故来自文学作品

汉语典故大多出自《红楼梦》、《水浒传》、《三国演义》、《西游记》等名著的人物和事件。例如“像刘姥姥进了大观园”、“智多星”、“三顾茅庐”、“白骨精”、“猪八戒倒打一耙”等。英语中相当一部分典故出自莎士比亚、狄更斯等著名作家的作品。

例如：

a Romeo（罗密欧）指英俊、多情、潇洒，对女人有一套的青年——莎士比亚戏剧《罗密欧与朱丽叶》中的男主人公。

a Cleopatra（克娄巴特拉）指绝代佳人——莎士比亚戏剧《安东尼和克娄巴特拉》中的人物。

Shangri-La（香格里拉）源出 James Hilton 的小说 *Lost Horizon*，是虚构的喜马拉雅山山谷里的名称。40 年代，罗斯福曾把美国总统在弗吉尼亚州的一个山间别墅命名为 Shangri-La。现在该词已成为“世外桃源”、“理想乐园”（an imaginary, idyllic utopia or hidden paradise）的同义词。

（二）历史故事和传说是典故的又一个主要来源

许多汉语典故出自历史故事、寓言和民间传说。例如：“完璧归赵”、“四面楚歌”、“黔驴技穷”、“刻舟求剑”、“八仙过海，各显神通”等。一些英语典故源于神话故事。

例如：

A Damocles sword（达摩克利斯之剑）用来表示时刻存在的、迫在眉睫的危险，出自希腊的一个历史传说。

Achilles heel（阿基里斯的脚踵）用来比喻一个人或一个国家存在的致命弱点，出自古希腊神话。

Prometheus（普罗米修斯之火）现借喻赋予生命活力所不可缺少的条件，也用来赞颂为崇高理想而燃起的心灵之火，典出希腊神话。

（三）许多典故来源于宗教

汉语与佛教有关的典故有“佛口蛇心”、“急来抱佛脚”、“当一天和尚撞一天钟”、“道高一尺，魔高一丈”、“人不为己，天诛地灭”等。基督教是英语国家里的主要宗教，很多典故出自基督教《圣经》的人物和事件。据统计，《圣经》中仅收入辞典的典故就达七百多条。例如：Solomon（所罗门），比喻非凡的智慧，出自《圣经》的传说。

从以上典故的来源可以看出，典故根植于民族文化的土壤，是社会遗产沉淀所形成的文化。每一个典故都包括一个生动的历史故事，包含有丰富的文化信息。典故的这种浓厚的民族色彩，鲜明的文化个性和丰富的文化内涵，在翻译上构成了一个十分复杂的问题。

我们认为，典故的翻译应从文化入手，弄清典故的历史文化背景和丰富的内涵，注意文化之间的差异，采取灵活恰当的翻译方法，使原语典故的文化信息得以充分再现。

二 英语典故的翻译

1. Mr. Vargas Llosa has asked the government "not to be the Trojan horse that allow the idealism into Peru".

译文：

凡格斯·珞萨王请求政府“不要充当把理想主义的思潮引入秘鲁的**特洛伊木马**”。

Trojan horse（特洛伊木马）出自古希腊的传说。古希腊人攻打特洛伊城时，把精兵伏于木马内，诱使特洛伊人将木马放入城中，夜间伏兵跳出，里应外合，攻下此城。根据这个故事，英语中常用“特洛伊木马”比喻“内部颠覆者；内部颠覆集团；起内部破坏作用的因素”。由于这一典故已为汉语读者所熟悉，英译汉时不妨直译。

2. Many took to gambling and got in over their heeds, borrowing from Shylocks to pay their debts.

译文：

许多人沉湎于赌博，他们债台高筑，不得不向**高利贷者**借钱还债。

Shylock（夏洛克）是莎士比亚戏剧《威尼斯商人》中的一个人物。Shylock 作为典故比喻那些贪得无厌的高利贷者。在这个译例中，译者用意译的手法表达了 Shylock 这一典故的喻义。

3. Smith often Uncle Tommed his boss.

译文：

史密斯常对老板阿谀奉承。

Uncle Tom（汤姆叔叔）是美国女作家斯陀（Harriet Beacher Stowe）的长篇小说《汤姆叔叔的小屋》（*Uncle Tom's Cabin*）中的主人公，早在本世纪初用来喻指"逆来顺受的黑人"，"对白人卑躬屈节的人"。60 年代 Uncle Tom 转化为动词，意思是"逆来顺受"，"阿谀奉承"。这个典故只能意译。

下面是一些常见的英语典故及含义，供翻译时参考。

（1）Odyssey 奥德赛

源出古希腊诗人荷马写的一部英雄史诗，比喻一段漫长而艰难的经历。

（2）Quixote 堂吉诃德

源出西班牙作家塞万提斯（Cervants）所著小说 *Don Quixote*（《堂吉诃德》），Don Quixote 是书中主人公。可译为"堂吉诃德式的人，充满了幻想的理想主义者，狂热而侠义的人"。

（3）Ishmael 以实玛利

基督教《圣经》中的人物，被其父 Abraham（亚伯拉罕）摒弃，比喻被社会摒弃的人。

（4）Faust 浮士德

欧洲中世纪传说中的人物，为获得知识和权力，向魔鬼出卖自己的灵魂。现常用 Faustian Spirit 指一种为获得知识可牺牲一切的精神。

（5）Gordian knot 戈尔迪结

源出希腊神话，含义为“难解的结；难办的事，棘手问题”。cut the Gordian knot 以斩钉截铁手段解决困难问题，快刀斩乱麻。

（6）Noah's ark 挪亚方舟

基督教《圣经》中挪亚方舟是为避难而造的方形大船。英语中常用“挪亚方舟”来指代“避难所”。

（7）Babbitt 巴比特

美国小说家辛克莱·刘易斯（Sinclair Lewis）所著同名小说中的主人公，指“典型的当代美国资产阶级实业家；典型的市侩”。

（8）Micawber 米考伯

源自英国作家狄更斯（Dickens）的小说 *David Copperfield*（《大卫·科波菲尔》）中的人物。此人充满幻想，总希望有朝一日时来运转，后喻指“幻想突然走运的乐天派”。

（9）Gatsby 盖茨比

源出美国作家司各特·菲茨杰拉尔德（Scott Fitzgerald）在20 世纪 20 年代所著小说 *The Great Gatsby*（《了不起的盖茨比》）。Gatsby 是书中的主人公，是个由穷军官暴发致富的人物。Gatsby 现用来指“个人奋斗由穷变富的暴发户”。

三　汉语成语典故的翻译

“汉语成语是中华民族优秀的文化遗产，是人们喜闻乐见的语言表达形式，既生动形象，又言简意赅，有着很强的表现力和感染力。汉语成语从狭义讲是指四个字组成的词组，如卧薪尝胆、道听途说、老马识途等。但从广义上讲，凡是具有特定含义的定型词组，已经约定俗成，被书面语所接受的，就是成语。不管它原是熟语、谚语、歇后语还是政治口号、科学术语……只要进入书面作为成语运用的，一律总称为成语。”（史式《汉语成语研究》）这里所说的汉语成语典故指成语源出历史故事、传说、寓言或含有历史人物或事件。这些带有中国文化背景的成语在翻译中是一个十分棘手的问题。下面我们探讨一下汉语成语典故的翻译。

（一）有些汉语成语典故可照字面意思直译，再现典故的文化意义

四字成语直译实例：

1. 从古以来，只有“**杞人忧天**”，就是那个河南人怕天塌下来。

（《毛泽东选集》）

译文：

From time immemorial no one but “the man of Chi worried lest the sky fall”, meaning that only one man from Honan was afraid it might happen.

2. 嘴里天天说“唤起民众”，民众起来了又害怕的要死，这和**叶公好龙**有什么两样。

（《毛泽东选集》）

译文：

To talk about “arousing the masses of the people” day in and day out and then to be scared to death when the masses do rise——what difference is there between this and Lord Ye's love of dragons?

3. …… 嘴上还咯咯地笑着说：“这叫**画饼充饥**。”

（梁斌《红旗谱》）

译文：

Now he chuckled and commented: “That's called ‘Drawing a cake to satisfy your hunger’”.

这种四字成语典故可直译的还有：

亡羊补牢　to mend the fold after a sheep is lost

南辕北辙　to go south by driving one's chariot north

削足适履　to whittle down (or cut) the feet to fit the shoes

缘木求鱼　to climb up a tree to look for fish

有的放矢　to shoot the arrow at a target

雪中送炭　to offer fuel in snowy weather

其他成语典故直译实例：

1. 他们口里的宪政，不过是“**挂羊头卖狗肉**”。

（《毛泽东选集》）

译文：

Their talk of constitutional government is only "selling dogmeat under the label of a sheep's head".

2. 匡超人听了这话，慌忙作揖，磕下头去，说道：“晚生真乃**有眼不识泰山**。”

（吴敬梓《儒林外史》）

译文：

When Kuang Chao-ren heard this, he made haste to bow. "Although I have eyes", he exclaimed, "I have failed to see Mount Tai!"

3. 城门失火，殃及池鱼。

译文：

(1) A fire on city wall brings disaster to the fish in the moat.

(2) When the city gate catches fire, the fish in the moat come to grief.

(3) When the city gate catches fire, the fish in the moat suffer.

4. 鹬蚌相持，渔人得利。

（《毛泽东选集》）

译文：

If a snip and a clam are locked in fight, it is to the advantage of the fisherman.

5. 路遥知马力，事久见人心。

译文：

(1) As distance tests a horse's strength, so time reveals a person's heart.

(2) As a long road tests a horse's strength, so a long task proves a person's heart.

6. “咱们俩的事，**一条绳拴着两条蚂蚱**，谁也跑不了！”

（老舍《骆驼祥子》）

译文：

“We're like two grasshoppers tied to one cord: neither can get away!”

7. “朱斌这个人就是**狗咬耗子多管闲事**！”

（吴强《红日》）

译文：

“Chu Pin! He's like a dog worrying a mouse, can't mind his own business!”

8. 这时候呀，干部们是**泥菩萨过河——自身难保**。

（周而复《上海的早晨》）

译文：

At the moment the cadres themselves are like the clay idol fording the river——it's as much as they can do to preserve themselves from disaster.

（二）有些汉语成语典故需要直译加注，解释典故的人物、事件等

例如：

1. “难道这也是个痴丫头，又像颦儿来葬花不成？”因［他（宝玉）］又自叹道：“若真也葬花，可谓‘**东施效颦**’了；不

但不为新特，且更可厌了。”

（《红楼梦》第三十回）

译文：

“Can this be another absurd maid come to bury flowers like Taiyu?” he wondered in some amusement. “If so, she's ‘Tung Shih imitating Hsi Shih’, which isn't original but rather tiresome.”

注释：Hsi Shih was a famous beauty in the ancient kingdom of Yueh. Tung Shih was an ugly girl who tried to imitate her ways.

（Yang Xianyi and Gladys Yang 译）

2. “人说‘塞翁失马，未知是福是祸’……”

（吴敬梓《儒林外史》）

译文：

When the old man at the frontier lost his horse, he thought it might be a good thing.

注释：An allusion to a story popular for more than 2 000 years in China. When an old man lost his horse, neighbors condoled with him.

“This may be a good thing,” he said.

The horse came back with another horse, and the old man's neighbors congratulated him.

“This may prove unlucky,” he said.

When his son, who liked the new horse, rode it and broke his leg, once more the neighbors expressed their sympathy.

“This may turn out for the best,” said the old man.

And, indeed, just then the Huns invaded the country and most able-bodied men were conscripted and killed in battle; but thanks to his broken leg the old man's son survived.

3. 你说这话，意思是要领导三请诸葛？

（周立波《山乡巨变》）

译文：

What you say implies that the leadership should ask you three times, like Chukeh Liang, doesn't it?

译者先直译然后加注说明诸葛亮其人其事：A hero of the Three Kingdoms Period. He had to be asked three times before he would grant an interview to Liu Pei, whom he afterwards served, and helped to become emperor.

4. “那哪能知道？他们一东一伙，都是看透《三国志》的人。要我说，那一耳刮子，也是**周瑜打黄盖，一个愿打，一个愿挨的**。”

（周立波《暴风骤雨》）

译文：

“Hard to say. The two of them are hand in glove, and they' ve both read the *Romance of the three Kingdoms*. I should say that box on the ear <u>was skillfully given by a Chou Yu and gladly taken by a Huang Kai.</u>”

这里如不把“周瑜打黄盖”的历史故事略加交代，外国读者仍会看不懂，所以需另加注释：A fourteenth-century novel based on events which took place in the third century A. D. Chou Yu of the Kingdom of Wu had Huang Kai, another Wu general, cruelly beaten, and then sent him to the enemy camp in order to deceive the enemy.

5. 只要合乎条件，合乎章程、决议，是自愿的，有强的领导骨干（主要是两条：公道，能干），办得好，那是**韩信将兵，多多益善**。

（《毛泽东选集》）

译文：

So long as the co-operatives meet the requirements, conform to the regulations and resolutions, are set up on a voluntary basis, have strong leading cadres (their two chief qualifications being fair-mindedness and competence) and are well run, then the more the better, as Han Hsin said about the number of troops he could command.

这里译者认为在译文本身加字还不足以全部说清楚这个成语的内容，所以又另外加了一个注释：Han Hsin was a leading general under Liu Pang, first emperor of the Han Dynasty. According to the Historical Records, Liu Pang once asked Han Hsin how many troops he could command. "The more the better," he answered.

（三）有些汉语成语典故可采取意译的方法，道出典故的文化内涵

例1：

（1）**助桀为虐** help a tyrant to do evil

（2）"……高鼻子'**助桀为虐**'，真可恨!"蒋翊武咬紧牙关，狠狠地哼了一声。

（李六如《六十年变迁》）

译文：

Chiang Ye-wu swore between his clenched teeth: "... Those foreign devils are really a hateful crowd, adding bad to worse!"

桀是我国夏朝末年的暴君。这个成语用暴虐无道的国君为比喻，意思是"帮助坏人干坏事"。上面的两个译文准确地表达了其含义。

例2：

宝玉忙道："……只是这姑娘可好，你们大爷怎么就中意了?"香菱笑道："一则是天缘，二来是'**情人眼里出西施**'。"

（曹雪芹《红楼梦》七九回）

译文：

"What's the girl like? How did he come to take a fancy to her?"

"It's partly fate, and partly a case of 'Beauty is in the eye of the beholder.'"

(Yang Xianyi and Gladys Yang 译)

其他可意译的典故：

四面楚歌 (1) be besieged on all sides

(2) be utterly isolated

(3) be in desperate strain

初出茅庐 (1) at the beginning of one's career

(2) young and inexperienced

罄竹难书 (of crimes) too many to record

借刀杀人 (1) make use of one person to get rid of another

(2) kill sb. by another's hand

倾城倾国 be exceedingly beautiful

悬梁刺股 be extremely hard-working in one's study

风声鹤唳 be seized with imaginary fears

(四) 许多汉语成语典故可借用英语成语，译文读者同样可得到原语典故的文化信息

例如：

破釜沉舟 burn one's boats

汉语“破釜沉舟”出自《史记·项羽本纪》：“项羽乃悉引兵渡河，皆沉船破釜甑，烧庐舍，持三日粮，以示大卒必死，无一还心。”

burn one's boats 是古代西方军事上采用的措施之一。据说，古时候，从海路入侵外国的将军，到达彼岸后把他的船只弄上沙滩放火烧掉，以此向士兵指明后路已断，不可能退却。朱力斯·恺撒是使用这种办法的将军之一。

由此可见，burn one's boats 与“破釜沉舟”形义巧合，出典相同，可以借用。

例如：

只要大胆地破釜沉舟地跟他们拼，还许有翻身的那一天！

（曹禺《红日》）

译文：

All you can do is to burn your boats and fight them in hope that one day you'll come out on top.

类似的例子还有：

画蛇添足 paint the lily

竭泽而渔 kill the goose that lays the golden eggs

趁热打铁 strike while the iron is hot

火上浇油 add fuel to the flames

火中取栗 pull sb's chestnuts out of the fire

浑水摸鱼 fish in troubled waters

过河拆桥 kick down the ladder

爱屋及乌 Love me, love my dog.

英雄识英雄 Like knows like.

耳边风 in one ear and out the other

宁为鸡首，毋为牛后 Better be the head of a dog than the tail of a lion.

船到桥头自然直 You will cross the bridge when you come to it.

说曹操，曹操到 Talk of the devil, and he's sure to appear.

骑虎难下 hold a wolf by the ears

无风不起浪 There is no smoke without a fire.

三思而后行 Look before you leap.

小巫见大巫 The moon is not seen when the sun shines.

拾到篮里都是菜 All is fish that come to the net.

（五）一些汉语成语可根据上下文采取不同译法，体现了灵

活性原则

例如：

1. 你不是听过这句俗话吗？**一个和尚挑水吃，两个和尚抬水吃，三个和尚没水吃**。

（艾芜《百炼成钢》）

Didn't you ever hear the saying? A lone monk brings his own bucket of water to drink, two monks carry their bucket of water jointly, but when three monks are together, there is no water at all.

这里译者直译了这个俗语。下面是这个俗语其他译法：

（1）Everybody's business is nobody's business.

（2）There's a Chinese saying about monks fetching water: One monk, two buckets; two monks, one bucket; three monks, no bucket, no water—more hands, less work done.

（3）Two is company, three is misery.

（4）Too many cooks spoil the broth.

（5）One boy is a boy, two boys half a boy, three boys no boy.

（6）One monk carries two buckets of water on a pole, two monks carry one bucket between them, three monks have no drinking water—a satirical warning against dependence and responsibilities.

2. 守株待兔 stand by a stump waiting for more hares to come and dash themselves against it—trust to chance and windfall

下面两例一用直译，一用意译。

例 1：

冰如说他自己也不知道，不过特殊的机会总会到来吧，遇到了机会，就可以把先前的意旨一点儿一点儿展布开来。这样，他采取“**守株待兔**”的态度，还是当他的乡董。

（叶圣陶《倪焕之》）

译文：

Ping-ju replied that he was well aware that such was the case; but special opportunities must surely eventually present themselves, and whenever they did he could advance his original purpose another step. Accordingly, having adopted this attitude of "watching the stump and waiting for a hare," he continued with his councilorship.

（A. C. Barnes 译）

例 2：

否则，袖手旁观，**守株待兔**，就变成了长期不抗不战了。

（姚仲明《同志，你走错了路》）

译文：

Otherwise, standing by with folded arms and waiting for gains without pains will prove to be nothing but long-term nonresistance.

（A. M. Condron 译）

第四章

地域文化与翻译

地域文化是指由所处地域、自然条件和地理环境形成的文化，表现在不同民族对同一现象和事物采用不同的言语形式来表达，不同民族在比喻、审美情趣和对同一事物的认识上存在着差异。例如，若将汉语“南屋”译成英语 a room with a southern exposure，一些人会认为这没有不对的。但实际上，这是一个错译。汉语与英语对“南屋”表达完全相反。“南屋”的正确英译为 a room with a northern exposure。再如，“猫”与“cat”。“猫”在中国文化中有可爱、精灵的特性，而在西方传说中，“cat”是魔鬼的化身，是中世纪巫婆的守护精灵。如果把“She is a cat”译成“她是只猫”或“她很可爱”，那就大错而特错。其实，这句话的真正含义是“她是一个心底恶毒的女人”。

通过这两个简单的译例可以看出，翻译中不注意地域文化差异，一不小心就会造成错译。那么，怎样在翻译中处理好地域文化差异是一个值得深入研究的问题。

第一节　方位及其相应物的翻译

方位即方向，东、西、南、北为基本方位。汉英两种语言中都有相对应的词表达这四个基本方位：东（east）、西（west）、南（south）和北（north）。然而，由于汉英民族所处的地理位置不同，对方位的认识及词语表达存在一定的差异。

在中国文化中，自古就有“南面为王，北面为朝”、“南为尊，北为卑”的传统。皇帝的龙椅面向南摆放；“天下衙门朝南开”。老百姓盖房也是坐北向南。因此，汉语中表达方位“南”为先。人常说“南来北往，从南到北”。而英语文化则相反，英美人表达方位“北”为先。由此可见，方位词不仅仅是地理概念，它们与民族文化、宗教思想、风俗习惯密切相关，更是一种文化现象。

下面是汉英两种语言文化中有关南、北方位的不同表达。

从南到北　from north to south

北屋　a room with a southern exposure

南北朝　the Northern and Southern Dynasties（420—589）

南征北战　fight north and south on many fronts

南北对话　North-south dialogue（i. e. dialogue between developed countries in the Northern Hemisphere and developing countries in the southern Hemisphere）

同样，四个表示中间方位的词语在汉英两种语言中表达也完全相反。

西北　northwest，如 Northwest University（西北大学）

西南　southwest，如 southwest（或 southwesterly）wind（西南风）

东北　northeast，如 The Anti-Japanese Amalgamated Army of the Northeast（organized and led by the Communist Party of China after the September 18th Incident of 1931，东北抗日联军）

东南　southeast，如 the Association of Southeast Asian Nations

（ASEAN，东南亚联盟）

其他相关表达：

southeast by east　东南偏东

southeast by south　东南偏南

southwest by west　西南偏西

southwest by south　西南偏南

northeast by east　东北偏东

northeast by north　东北偏北

northwest by north　西北偏北

northwest by west　西北偏西

现在我们来看东、西两个方位。

汉英两种语言中东、西方位的表达是一致的。例如：从东到西可直译为 from east to west。但一些东、西方位构成的词语有一定的文化含义。例如："东床"若直译成 east bed 就会使人笑掉大牙。"东床"源自典故。晋代太尉郗鉴派一位门客到王导家选女婿。门客回来说："王家的年轻人都好，但是听到有人去选女婿，都拘谨起来，只有一位在东边床上敞开衣襟吃饭的，好像没有听到似的。"郗鉴说："这正是一位好女婿。"这个人就是王羲之。于是把女儿嫁给他。(《晋书·王羲之传》) 后来人们便称女婿为"东床"，其正确英译为 son-in-law 或 husband。例如，《红楼梦》第二回有句话"……将来之东床如何呢?"杨译本中将这句话译为："It will be interesting to see what husbands they find. . ." 这里如果直译东床肯定会让西方读者感到莫名其妙，采用"husbands"来译"东床"一词，其文化意蕴可见一斑。

再如，"今儿朝东，明儿朝西"通常指一些人做事不专心意、用情不专或朝三暮四。《红楼梦》第五十七回中紫鹃对黛玉说的一段话中用了它："公子王孙虽多，哪一个不是三房五妾，

今儿朝东，明儿朝西？”杨译本中是这样表达的：“There's no lack of young lordlings, but they all want three wives and five concubines and their affections change from one day to the next.”这里紫鹃话中用“今儿朝东，明儿朝西”暗指公子王孙们个个都是三房五妾、用情不专。译文中采用意译法，将其译为“affections change from one day to the next”，表现出了“今儿朝东，明儿朝西”所隐含的意思。

类似的词语还有：

东窗事发	the plot has come to light; the secret is out
东奔西走	run around here and there; bustle about
东山再起	stage a comeback
西天	（佛教）Western Paradise
上西天	die; pass away
西方国家	the western countries（这是一个政治词语，指资本主义国家）

第二节 “东风”、“西风”翻译的争论

这里值得注意的是，与东、西方位相关的东风与西风一直是翻译界争论不休的问题。两种风因地理位置不同在东西方冷暖相异，中英诗歌中对此自然各有偏爱。

就“东风”与“east wind”而言，这两个词是汉英两种语言中的对应词，但所涵盖的文化概念却完全不同。汉语言文化中，“东风”意指“春风”。《礼记·月令》：“[孟春之月]东风解冻”。唐李白《春日独酌》诗：“东风扇淑气，水木荣春晖。”“东风”是“春天”、“温暖”的象征。东风送暖，大地复苏。中国人喜欢东风，并把它“比喻革命的力量或气势”。陈毅《满

江红》词："喜东风浩荡海天宽，西风落。"郭沫若《新华颂》："多种族，如弟兄，千秋万岁颂东风。"可见，中国人对东风情有独钟。然而，对英国人而言，"东风"则是从欧洲大陆北部吹来的刺骨的寒风：a keen east wind（James Joyce）；biting east winds（Samuel Butler）；a piercing east wind（Kirlup）；How many winter days have I seen him，standing blue nosed in the snow and east wind（Charles Dickens）。由此可见，英国人讨厌东风。这与中国人对东风的看法形成鲜明的对照。那么，中国诗歌中颂扬东风的诗句怎样译成英文呢？中外翻译家们各自采用了不同的处理方法。

例1：

闲愁万种，无语怨东风。

（《西厢记》）

译文：

I am saddened by a myriad petty woes
And, though I speak not,
I am angry,
At the breezes from the east.

（Henry Hart　译）

虽然译者对"东风"进行了适当处理，但还是担心读者产生误解，所以加注：The east wind is symbolic of spring, with its urge to love and mating.

例2：

虞美人

李　煜

春花秋月何时了？
往事知多少？
小楼昨夜又东风，

故国不堪回首月明中。

雕栏玉砌应犹在，
只是朱颜改。
问君能有几多愁？
恰似一江春水向东流。

译文一：

Yumeiren

Too long the autumn moon and spring flowers last.
I wonder how much they've known of my past.
Last night spring breezes through an upper room—
Reminds me too much my present gloom.
With a bright moon, how could I my country recall—
Without a sense of defeat and despair at all.

The Palace should be still there as before—
With its carved railings; jade-like steps galore.
Only here are changes which my plight entail.
My complexion, once ruddy, had become pale.
Should I be asked how much anguish I have found,
Strange! It is like flowing water, eastward bound.

（徐忠杰 译）

译文二：

The Lost Land Recalled

Tune: "The Beautiful Lady Yu"

When will there be no more autumn moon and spring flowers
For me who had so many memorable hours?
My attic which last night in vernal wind did stand

Reminds me cruelly of the lost moonlit land.

Carved balustrades and marble steps must still be there.
But rosy faces cannot be fair.
If you ask me how much my sorrow has increased,
Just see the overbrimming river flowing east!

（许渊冲　译）

例 3：

金谷园

杜　牧

繁华事散逐香尘，
流水无情草自春。
日暮东风怨啼鸟，
落花犹似坠楼人。

译文：

A wilderness alone remains,
　all garden glories gone;
The river runs unheeded by,
　weeds grow unheeded on.
Dusk comes, the east wind blows, and birds
　pipe forth a mournful sound;
Petals, like nymphs, from balconies,
　come tumbling to the ground.

（Giles　译）

例 4：

春　思

贾　至

草色青青柳色黄，

桃花历乱李花香。
东风不为吹愁去，
春日偏能惹恨长。

译文：

The yellow willow waves above; the grass is green below.
The peach and pear blossoms in massed fragrance grow.
The east wind does not bear away the sorrow at my heart.
Spring's growing days but lengthen out my still increasing woe.

(Feltcher 译)

上面四个译例中，例 1 采用了直译加注法；例 2 的两译采用了变通的手法，将“东风”译成“spring breezes”或“vernal wind”。例 3、4 则将“东风”直译为“east wind”。我们认为，例 3、4 的译法应予以肯定。道理很简单，一则直译可最大限度地再现原语文化；二则东西文化交流已有很长历史，随着这种交流的不断扩大和深入，大多数读者都熟悉了“东风”在东西方文化中的差异，不会在阅读中产生误解。因此，从文化再现和读者接受两个方面来讲，“东风”直译为“east wind”是完全站得住脚的。

与东风相对的西风（west wind）对英国人来说是温暖的春风，生命的催生剂。它给英伦三岛送去春天，故有“西风报春”之说。英国诗歌中有许多赞美西风的诗句。

英国浪漫主义诗人雪莱就曾写有一首脍炙人口的《西风颂》（Ode to the West Wind）。在诗的最后，诗人名传千古的佳句表达了他对未来的美好憧憬和坚定信念：

O, wind,
If winter comes, can spring be far behind?

译文：

啊，西风，假如冬天已来临，春天还会远吗？

另一位英国诗人 Alfred Tennyson 有诗云：

Sweet and low, sweet and low,
Winds of the western sea,
Low, low, breathe and low,
Wind of the western sea!

译文：

轻轻的，柔和地，轻轻的，柔和地，
西风吹来海风；
轻轻地，轻轻地吹拂，
西风吹来海风！

还有英国桂冠诗人 John Masefield 的 "The West Wind"（《西风颂》），是他怀念故乡 Herefordshire 而作的：

It's warm wind, the west wind, full of birds' cries
I never hear the west wind but tears are in my eyes,
For it comes from the west lands, the old brown hill,
And April's in the west wind, and daffodils.

译文：

那是一种温暖的风，**西风**吹时，万鸟争鸣；
一听**西风**起，我眼眶中泪盈盈，
因为它是来自西土，那褐色的故乡边，
春天就在**西风**中到来，还有水仙。

（钱歌川 译）

再看中国的西风。

《汉英大词典》对西风的释意是：西面吹来的风。多指秋风。唐李白《长干行》："八月西风起，想君发扬子。"清陈维崧《百字令·送周求卓之任荥阳词》："西风夕照，老鸦啼上枯树。"

汉语中的西风还喻作一种势力或倾向。《红楼梦》第八十回："但凡家庭之事，不是东风压倒西风，就是西风压倒东风。"今西风多比喻没落腐朽的势力。贺敬之《伟大的祖国》诗："看牛鬼蛇神，正节节溃败，东风浩荡西风衰。"

汉语中的西风是寒冷的，许浑《早秋》："遥夜泛青瑟，西风生翠萝。残萤栖玉露，早雁拂金河。"西风还使花失去了香味："飒飒西风满院栽，蕊寒香冷蝶难来。"（黄巢《题菊花》）有时甚至是破坏者："昨夜西风过园林，残菊飘零满地金。"（王安石《残菊》）

看来，"西风"在中国是不受欢迎的，与英语 west wind 的内涵截然相反。怎样译呢？翻译界对这个问题的看法基本是一致的：西风直译为 west wind，反之也对。理由如同东风之译法。

下面再看一个汉译英的译例：

《西厢记》有诗云：

碧云天，黄叶地，
西风紧，寒雁南飞，
晓来谁染霜林醉，
尽是离人泪。

译文：

Grey are the clouds in the sky and faded
  are the leaves on the ground.
Bitter is the west wind as the wild geese fly
  from the north to the south.
How is it that in the morning the white-frosted
  trees are dyed as red as a wine flushed face?
It must have been caused by the tears of those
  who are about to depart.

第三节　动物的文化意义

动物的文化意义是指动物形象的比喻和象征意义。由于地域差异，不同民族对同一动物形成了不同的观念和审美情趣。这种差异反映了不同的民族心理，形成了特定的文化。

下面我们就这一问题进行讨论。

一　中国龙文化与西方的 dragon

在历史上，龙是中华民族的标志和象征，是民族精神的象征。

龙在我国古代是一个图腾形象。龙是在蛇图腾基础上发展演化成型的。从历代龙的不同形象来看，龙不是一次定型，而是逐渐成型的，经历了一个漫长的发展过程。古人是在蛇形的基础上，不断构想、不断创造、不断完善，由简而繁、由不统一到统一，逐渐形成我们今天所知的有角、有足、张着血盆大口，凶猛无比的龙。

在我国古代传说中，龙是一种能兴云降雨的神异动物。中国自古以农立国。农牧业生产与自然现象的变化关系密切，庄稼收成的好与坏、牲畜头数的增与减都很大程度上取决于自然。但是，原始时代的人们的生产力水平极为低下，对自然现象的变化迷惑不解，在自然力面前软弱无力，束手无策。于是便产生了自然崇拜。人们把地上的动物与天上的物象混合起来，把闪电、虹视为蛇的化身，从而把蛇视为主宰雨水之神，并把蛇神化成龙。

综上两点，龙神崇拜是图腾崇拜和自然崇拜相结合的产物。封建帝王为了维护其统治，借助龙来树立自己的权威。龙便成了皇帝和皇权的象征。而龙也因此而获得更为显赫的地位，受到普遍的崇拜，极大地影响了中国古代政治和文化。因此，中国人常常把自己比喻为“龙的传人”、“龙子龙孙”。汉语中也常讲“望子成龙”、“龙飞凤舞”、“龙腾虎跃”、“龙马精神”，等等。

然而，在西方神话传说中，dragon 是一只巨大的蜥蜴，长着翅膀、身上有鳞、拖着一条长长的蛇尾，能够从嘴中喷火。在中世纪，dragon 是罪恶的象征。The Dragon 指“撒旦”，“魔鬼”。dragon 也指“凶猛的人”，“严厉警惕的守护人”（尤指妇人）。例如：Her mother is a real dragon. 意思是说“她母亲把她看管得真够严”。再如：She's a bit of a dragon around this place. 可译为：“她是这里很跋扈的人。”

由此可见，中国的“龙”和英语的“dragon”不论在形象上还是文化内涵上都存在很大差异。因此，汉语中一些有“龙”字词语的翻译要格外小心，应视具体情况采取不同的译法。

1. 直译 + 注释

龙飞凤舞　like dragons flying and phoenixes dancing—lively and vigorous flourishes in calligraphy

龙口夺粮　snatch food from the dragons mouth—speed up the summer harvesting before the storm breaks

龙马精神　the spirit of a dragon horse (usu. said in praise of a vigorous old age)

龙潭虎穴　a dragon's pool and a tiger's den—a dangerous spot

2. 意译或转换喻体

望子成龙　to hope that one's son will become somebody

老态龙钟　senile; doddering

龙肝凤胆　rare delicacies

龙颜大悦　The imperial countenance shows great pleasure, or the emperor looks greatly pleased.

龙爪槐　Chinese pagoda tree

二　凤凰 phoenix

凤凰是中国古代传说中的鸟王，与龙、麒麟、龟合称为动物四灵。《辞海》对凤凰的解释：雄的叫“凤”，雌的叫“凰”，通称为“凤”或“凤凰”。其形据《尔雅·释鸟》“鶠凤其雌皇”，郭璞注，“鸡头、蛇颈、燕颔、龟背、鱼尾、五彩色、高六尺许”。

在中国传统文化中，凤凰是高贵的象征。凤凰不与燕雀为群，“非梧桐不栖，非竹实不食，非醴泉不饮”。古人认为，如果世上出现凤凰，则“时代呈祥”，定然是“国祚将兴”的吉兆。后世多用龙比喻皇帝，以凤凰比喻皇后，帝王成婚称“龙凤呈祥”。同时，凤凰也是人美德的象征。“凤毛麟角”比喻珍贵而不可多得的人或事物。

在西方文化中，phoenix 是“长生不死”的象征。相传凤凰是生长于阿拉伯沙漠中的一种美丽孤独的鸟，每五百年自焚为烬，再自灰中重生，循环不已，成为永生。英语中，rise like a phoenix from its ashes（或 rise like the phoenix）意思是“像不死鸟一样从灰烬中再生”，“复活、新生”。

很显然，汉语“凤凰”与英语“phoenix”的文化象征意义有所不同，翻译中应视语境而定。

例如：

琴　台

杜　甫

茂陵多病后，尚爱卓文君。
酒肆人间世，琴台日暮云。
野花留宝靥，蔓草见罗裙，

归凤求凰意，寥寥不复闻。

译文：

' T was here, from sickness sore, oppressed,
He found relief on Wen-Chun's breast.
' T was here the vulgar tavern lay
On mountain cloud-capped night and day.
And still mid flowers and leaves I trace
Her fluttering robe, her tender face;
But ah! the phoenix calls in vain,
Such mate shall not be seen again!

(Giles 译)

这首诗是唐代大诗人杜甫晚年在成都凭吊司马相如遗迹——琴台时所作。诗歌颂扬了司马相如与卓文君当年琴心相结的美好爱情生活。诗歌最后两句“归凤求凰意，寥寥不复闻”点明了主题。这两句的意思是，相如与卓文君敢于反抗世俗礼法，追求美好生活的精神，这种真情至爱后来几乎是没有的。值得注意的是，最后这两句诗中的“凤求凰”是一首琴曲，可是译文将其译成 phoenix 后未加任何注释，令人难以理解。但是，唐诗人李白《登金陵凤凰台》诗中的凤凰“指传说中的鸟”，将其直译成 phoenix 顺理成章，不会引起误解。下面是这首诗的前两句：

凤凰台上凤凰游，
凤去台空江自流。

译文：

phoenix that play here once, so that the place
was named for them,
Have abandoned it now to this desolate river;

三　龟与 turtle

龟在中国人的心目中是吉祥、长寿的象征，也是一个耻辱的象征。

龟长寿，在中国古籍中记载颇多。《述异记》载："龟一千年生毛，寿五千岁谓神龟，寿一万年曰灵龟。"《史记·龟策列传》记述了一个龟长寿的实例："南方有老人，用龟支床足，行二十余岁，老人死，移床，龟尚生不死。"古代陵墓或庙堂的石碑下往往有石龟，称"龟驮石碑"，象征"万古长存"的意思。不过，近百年来龟在我国逐渐坏了名声。今日的中华民族把龟看成其形不堪入目，其事不堪入耳之物，遂把龟与低级下流、邪恶污秽、卑鄙无耻联系起来。汉语中"龟子"、"龟孙"、"王八蛋"是辱骂人的话，比喻被骂的人是其母外遇野合而生的杂种。

turtle 在西方没有什么特别的象征意义，西方人认为龟是爬行动物。"慢"是龟的自然特性。美国著名小说家，诺贝尔文学奖获得者斯坦培克（John Ernest Steinbeck，1902—1968）在他的小说《愤怒的葡萄》（*Grapes of Wrath*）中有一段 turtle 的描写：And over the grass at the roadside a land turtle crawled, turning aside for nothing, dragging his high-domed shell over the grass. His hard legs and yellow-nailed feet threshed slowly through the grass, not really walking, but boosting and dragging his shell along.（一只乌龟在路边的草丛中爬行，它的头漫无目的地左顾右盼，把高高隆起的龟背拖过草地。它那坚硬的腿和带黄趾的脚慢慢地在草丛中穿行，简直不是在爬行，而把龟背抬起来向前拖行。）作者在这里把乌龟"慢"的自然属性描述得淋漓尽致，好一副慢悠悠的样子。

不难看出，汉语中的“龟”和英语中的“turtle”虽同指一种动物，但其内涵意义有所不同。特别是汉译英一些带“龟”词语的处理应慎重。

例如：

敌人**龟缩**在几个孤立的据点里。

译文：

The enemy was holed up in a few isolated strongholds.

“龟缩”意思是“躲藏”，将其译成“hole up”很恰当。

类似的例子：

龟鹤遐寿　be older than Methuselah ,
　　　　　as old as Methuselah（长寿的人）

龟龙麟凤　various kind of worthy men（身处高位德盖四海的人）

金龟换酒　be generous/open-minded（指为人豁达）

龟毛兔角　be impossible（不可能的事情）

龟冷支床　with one's lofty aspirations unrealized（壮志未酬）

四　老虎 tiger 与狮子 lion

按动物学分类，老虎和狮子同属猫科动物。老虎生活在中国东北和华南地区，分别称为东北虎和华南虎。狮子曾广泛分布，现见于非洲等地区。显然老虎和狮子在世界上的分布地域不同，但是它们有着相同的自然属性，在不同民族文化中各自是勇敢、凶猛和威武的象征。

老虎是中国人非常熟悉的动物。在中国人的心目中老虎体魄雄健，性格勇猛，故其形象为民间辟邪驱灾和吉祥物的象征。汉语中一些词语常能引起人们这方面的联想。例如“虎头虎脑”用来形容一个男孩子长得健壮。“虎背熊腰”是形容一个人长得膀阔腰圆，健壮有力。“龙争虎斗”是指本领高强的人之间的争斗。自古以来人们多用“虎”来形容勇武的将军。《三国演义》中便称骁勇善战的大将为“虎将”。汉中王刘备册封关羽、张飞、赵云、马超、黄忠为“五虎上将”。然而，老虎毕竟是一种凶猛的大型食肉动物，有其凶残、吃人的一面。汉语中有一些词语表达了这方面的意思，例如“谈虎色变”、“如狼似虎”、“虎口拔牙”、“为虎作伥”等。

我们再来谈狮子。在西方童话故事中，狮子被尊为兽中之王。狮子的形象是勇敢、威严的象征。故英语中用 lion 比喻强大有力，人们尊敬或害怕的人或国家（a person or a country that is considered to be strong and powerful, and which other people respect or fear）（*Collins COBUILD English Language Dictionary*）。Lion 指英王理查一世（King Richard I）。lion hearted 意思是“非常勇敢的”。狮子纹章是英国的象征，the British Lion 是英国的别称。twist the lion's tail 常用于指美国政治家的言论等触犯英国。同时，英语 lion 有“名人、社交场合明星”的含义，如 lionship（社会名流地位），lion-hunter（巴结社会名流的人），a literary lion（文学界的名人）等。

通过比较可知汉语“老虎”和英语“lion”象征意义基本一致。翻译时可采用替代的方法。

例如：

the lion's mouth 虎穴（指极其危险处）

a lion in the way（or path） 拦路虎（尤指臆想的危难）

虎口拔牙 beard the lion in his den

虎头蛇尾 in like a lion, out like a lamb

但表现老虎威武形象时须直译。

例如：

The Tiger

William Blake①

Tiger, tiger, burning bright
In the forest of the night,
What immortal hand or eye
Could frame thy fearful symmetry?

In what distant deeps or skies
Burnt the fire of thine eyes?
On what wings he aspire?
What the hand dare seize the fire?

And what shoulder and what art
Could twist the sinews of thy heart?
And, when thy heart began to beat,
What dread hand what dread feet?

What the hammer? What the chain?
In what furnace was thy brain?
What the anvil? What dread grasp
Dare its deadly terrors clasp?

When the stars threw down their spears,
And water'd heaven with their tears,

---

① William Blake（威廉姆·布雷克，1757—1827），英国诗人，著有诗集《天真之歌》（*Songs of Innocence*，1789）等。

Did He smile His work to see?
Did He who made the lamb make thee?

Tiger, tiger, burning bright
In the forests of the night,
What immortal hand or eye
Dare frame thy fearful symmetry?

译文：

老 虎

老虎！老虎！黑夜的森林中
燃烧着的煌煌的火光，
是怎样的神手或天眼
造出了你这样的威武堂堂？

你炯炯的两眼中的火
燃烧在多远的天空或深渊？
他乘着怎样的翅膀搏击？
用怎样的手夺来火焰？
又是怎样的膂力，怎样的技巧，
把你心脏的筋肉捏成？
当你的心脏开始搏动时，是用怎样猛的手腕和脚胫？

是怎样的槌？怎样的链子？
在怎样的熔炉中炼成你的脑筋？
是怎样的铁砧？怎样的铁臂
敢于捉着这可怖的凶神？

群星投下了它们的投枪，
用它们的眼泪润湿了穹苍，

他是否微笑着欣赏他的作品？
他创造了你，也创造了羔羊？

老虎！老虎！黑夜的森林中
燃烧着的煌煌的火光，
是怎样的神手或天眼
造出了你这样的威武堂堂？

【附白】

对于老虎如此纵情赞颂，未免出自意外。诗是费了大力气，但也不见得怎样出色。

（郭沫若 译）

五 狗 dog

在中国，“狗”被认为是令人厌恶的东西，象征卑劣可恶的品性。汉文化中带“狗”的词语几乎都含有贬义，如“狗仗人势”、“狗胆包天”、“狗急跳墙”、“狗腿子”、“狗奴才”、“狗头军师”、“狗血喷头”、“狗嘴里吐不出象牙来”等。

在西方，“dog”被看作心爱的东西（pet）和人类最忠实的朋友（man’s best friend）。英国国王爱德华七世驾崩后，其爱犬走在送葬队伍的前头；奥地利著名作曲家莫扎特与世长辞，唯有那忠实的狗跟着灵柩来到墓地。故英语里有“doglike”（忠实于主人的），“topdog”（最重要的人物），“lucky dog”（幸运儿）。但是，dog 也有贬义的一面。例如：a dead dog（没用的东西，废物）；a sad dog（放荡的人，易闯祸的人）；a sly dog（暗中寻欢的人，暗地里偷鸡摸狗的人）等。另外，在一些词语中，dog 是中性。例如：Every dog has its day.（凡人都有得意日。）I would work like a dog to make good.（为了达到目的，我要拼命干。）这里不难看出，中国人和西方人对于狗的观念既有较大区别，又有相同点。这使带有“狗”或“dog”的词语的翻译显得十分复杂。例如，“Dog eat dog”的译文就曾引起一场争论。

《中国翻译》1995年第4期刊登了《“Dog eat dog”是“狗咬狗”吗?》的文章，认为国内出版的英汉和汉英双解辞书把“Dog eat dog”译成“狗咬狗”是错误的。其主要根据是，西方以“狗”比作自己同类；而中国人却把“狗”作为自己的对立面。这就是“Dog eat dog”与“狗咬狗”的本质区别。文章建议把“Dog eat dog”译成“同党相残”。但有人认为这一观点值得商榷。《中国翻译》1998年第3期刊登了《“狗咬狗”译错了吗?》的文章，着重强调了dog在英语中的含义，在这一点上中西文化有相同点，认为建议把“Dog eat dog”译成“同党相残”并不比原译“狗咬狗”好，因为丢去的含义太多。首先丢去了特定的文化现象（dog），再丢去了说话者的“蔑视情感”，最后丢了“原文的喻体”。经过分析研究，我们认为，把“Dog eat dog”译成“同党相残”很有道理，而把它译成“狗咬狗”有点牵强附会。

狗作为一种动物，“dog”与“狗”可以对译。狗作为一种文化现象的翻译要视情况采取变通处理的手法，传达其承载的文化信息。

例如：

（1）Advertising is a dog-eat-dog business.

译文：

广告业是一个**竞争十分激烈**的行业。

（2）During the California gold rush, men had a dog-eat-dog life.

译文：

在加州淘金热时期，人们生活**在激烈的竞争中**。

(3) a place where dog-eat-dog was the law

译文:

一个损人利己成为生活法则的地方

这三个译例中“dog-eat-dog”都含有“同类”、“同伙”、“同党”之间的竞争或相残的文化内涵。如果把他们译成“狗咬狗”,就显得不合适。

下面我们再看一些译例:

1. 英译汉

(1) a dog in a blanket 葡萄卷饼,卷布丁

(2) a dog in the manger 占着茅坑不拉屎的人

(3) The father called off the dogs.

译文:

父亲打断了这场不愉快的谈话。

(4) He who has a mind to beat his dog will easily find his stick.

译文:

欲加之罪,何患无辞。(谚语)

(5) Don't put on the dog.

译文:

不要摆架子。

(6) Don't wake a sleeping dog.

译文:

莫要惹是生非。

2. 汉译英

(1) 这篇文章写得狗屁不通。

译文:

This article is mere trash.

(2) 你别狗咬吕洞宾,不识好人心。我是好心好意劝你,倒

粘到我身上来了。

译文:

Don't snap and snarl at me when I'm trying to do my best for you. I give you my advice with the best will in the world and you turn round and lay the blame on me.

(3) 骂得狗血喷头 let loose a stream of abuse against sb. 或 pour out a food of invective against sb.

(4) 狗嘴里吐不出象牙来 a filthy mouth can't utter decent language

(5) 狗拿耗子，多管闲事 poke one's nose into other people's business

(6) 狗眼看人低 be a bloody snob

六 "狼"的文化意象

按动物学分类，狼属犬科野生食肉动物。凶残、吃人是狼的自然属性。因此，在中国文化中，狼象征"凶狠、残忍、贪婪、没良心"。汉语中常用狼的形象比喻坏人，如"狼子野心"、"狼心狗肺"、"狼狈为奸"、"豺狼当道"等。

在西方文化中，"狼"如同中国的"龙"，是文化意象，是动物图腾，象征着非凡的力量，伴随着历史文化的发展常演常新。

狼作为文化符号，代表着野性的力量和母爱的温情。它不是英雄，但它用奶和血作力的传递，它为英雄塑造生命。

虽然"狼"在中西文化中的意象有所不同，但其凶恶，残忍的本性在英汉两种语言中的表达是一致的。

例如:

1. 英译汉

a wolf in a sheep's clothes (或 in a lamb's skin) 披着羊皮的狼

cry wolf 发假警报；喊“狼来了”（中国民间故事中一位放羊的孩子喊“狼来了”；发出虚假的警报）

wolf down 狼吞虎咽

set the wolf to keep the sheep 引狼入室

The life of the wolf is the death of the lamb.

译文：

狼之生日，羊之死时。

狼的其他翻译：

a lone wolf 不喜欢与人来往的人，喜欢独居的人；独自作案的罪犯

(as) greedy as a wolf 非常贪婪，贪得无厌

keep the wolf from the door 勉强度日；能够免于饥饿

have a wolf in the stomach 饿极了

the big bad wolf 令人恐怖的人或物

wake a sleeping wolf 自找麻烦

2. 汉译英

狼心狗肺 rapacious as a wolf and savage as a cur

狼子野心 a wolf cub with a savage heart—have a wolfish nature

豺狼当道，安问狐狸。

译文：

When the wolf is rampant, why pick in the fox?

其他狼成语翻译：

杯盘狼藉 in disorder; scattered about in a mess

声名狼藉 disrepute

狼狈为奸 (of two bad persons) to act in collusion

豺狼当道 wicked persons in power

狼烟四起 be enveloped in the flames of war /with alarms raised at all border posts

下面讨论一下《喜羊羊与灰太狼》英文片名的翻译。

近两年来，国产动画片《喜羊羊与灰太狼》取得了空前的成功，深受小朋友和青年男女的喜爱，同时狼的意象与以前相比发生了变化，原来偷吃小羊的大坏蛋“灰太狼”变成了“当今好老公”的典范，受到现代女性的追捧，“嫁人就嫁灰太狼”成为一些女人的理想。“灰太狼”一改原来坏的形象。这影片名该怎么译？

译文一：

Happy sheep and grey wolf

译文二：

Pleasant goat and big big wolf

译文一中用“grey wolf”表达“灰太狼”，给人的意象仍然是大坏蛋，没有很好地反映出影片中的“灰太狼”形象。译文二是官方电影海报中的影片译名。有人认为这个翻译有所创新：“片名里面灰太狼的英文名是创新的 big big wolf，而不是传统故事中大灰狼的名字 big bad wolf。我们小时候看的《伊索寓言》或者《格林童话》里面，有真正邪恶的大灰狼登场。《小红帽》那个故事就叫做‘Little red hood and big bad wolf’；而迪斯尼著名动画《三只小猪》里面更有一首脍炙人口的童谣‘Who's afraid of the big bad wolf?’（《谁怕大灰狼?》）。据说因为当年时逢金融危机，还有接下来的第二次世界大战，其中的 big bad wolf 就被人们用来隐喻大萧条和希特勒为代表的纳粹分子。引申开来，big bad wolf 现在就可以泛指‘大恶人，大坏蛋’。要用 big bad wolf 来称灰太狼确实是有点过，毕竟人家也是当今好老公的典范，所谓‘嫁人就嫁灰太狼’，没有女人真的想要嫁给真的很邪恶的大灰狼吧？因而偷换成 big big wolf 很重要哦。”

七 公鸡 cock

公鸡在汉语文化没有太多的意义。然而，cock 在西方文化中却有着极其丰富的文化内涵。

“希腊神话中，由于 cock 引起人们对东升旭日的注意，故而它专门奉献给太阳神阿波罗（Apollo）；在罗马神话中，墨丘利（Mercury）系为众神传信并管商业、道路的神，cock 在清晨的啼叫中使千行百业开始工作，故而是奉献给墨丘利的。在基督教传统中，cock 通常被置于教堂的尖顶，它在清晨一声鸡叫，魔鬼便惶然隐退，故被视为圣物。”（《外国语》1996 年第 3 期）公鸡也就有很多的宗教文化内涵，这里我们不予详述。

现实中的公鸡具有自信、爱炫耀和好斗的天性。英语常借用公鸡的形象描绘人的行为。

例如：

（1）He's been <u>cock</u> of the walk since his father died.

译文：

他父亲死后他一直**称王称霸**。

（2）cock up one's nose　**翘起**鼻子（表示轻蔑）

（3）The young man is a <u>cocksure</u> person.

译文：

这个年轻人是一个**过分自信**的人。

（4）fighting <u>cock</u>　好斗的人

cock 还有其他一些引申意义，在翻译时切不要望文生义。

例如：

(1) The man told us a cock-and-bull story.

译文：

这个人给我们讲了一个**荒诞无稽**的故事。

(2) The red cock will crow in his house.

译文：

他家的房子将要**着火**了。

(3) I' ve never heard such cock in my life.

译文：

我一生从未听说过这样的**胡说八道**。

另外，在英国的一些小酒店里，人们常可以看到 Cock and Pie 或 Cock and Bottle 的字样。前者中的 pie 实系 magpie（喜鹊）的简称，cock 翘首以待来客，而喜鹊迎佳宾，故而 Cock and Pie 表示迎客之意；后者中的 Bottle 乃表示该店可以供生啤（draught）和罐装淡啤（bottled ale）豪饮，而 cock 则指啤酒桶上旋塞开关。两者都是英国小酒店的一种迎宾标志。（《外国语》1996 年第 3 期）

八　鹰 eagle 和猫头鹰 owl

鹰是一种猛禽。《辞海》对它的描述是，嘴弯曲而锐，四趾是钩爪，性猛，肉食，昼间活动。由于鹰性情凶猛，汉语中常把它与坏人、凶恶联系在一起。例如，鹰犬常比喻受驱使、做爪牙的人，帮凶。鹰鼻鹞眼形容奸诈凶狠的人的相貌。鹰视狼步意思是视物如鹰，行步如狼，比喻为人凶险。

在西方文化中，鹰是勇猛的象征。它力大身大，形态优美，视力敏锐，飞行力强，是美国国鸟，特受美国人钟爱。鹰徽是美国的国徽（bald eagle）。eagle 是美国上校军官肩章上的银鹰标识。美国1933年前通行的10元钞上有鹰徽。美国人还把“战斗机熟练驾驶员或曾打下多架敌机的战斗机驾驶员”称为eagle。英国诗人阿尔弗雷德·坦尼森（Alfred Tennyson，1809—1892）在诗歌中对eagle的形象进行了描述。

The EAGLE

He clasps the crag with crooked hands;
Close to the sun in lonely lands,
Ringed with the azure world, he stands.

The wrinkled sea beneath him crawls;
He watches from his mountain walls,
And like a thunderbolt he falls.

虽然这首诗短短数行，但把雄鹰的威武的形象展现得活灵活现。

由此可见，鹰在中西方文化中的形象完全不同，译者在汉英互译时要注意到这一点。

例1：

Her sewing would never pass that eagle eye without stern criticism.

译文：

她的缝纫活总逃不了那目光锐利的人的严格指责。

例2：

那人长得鹰鼻鹞眼。

译文：

The man has a sinister and fierce looking.

猫头鹰是一种益鸟，身体淡褐色，多黑斑，头部有角状的羽毛，眼睛大而圆，昼伏夜出，吃老鼠、麻雀等小动物。

猫头鹰因多在夜间活动捕食，叫声难听，人们称之为不祥之鸟，象征凶兆。俗话有“夜猫子（即猫头鹰）进宅，无事不来”。民间常把猫头鹰的叫声与死人相联系。如果谁在树林中听到它的叫声，就是谁家可能会死人的征兆。

英语中 owl 的形象有所不同，主要是取其昼伏夜出的生活习惯。owl 指“常熬夜的人，惯于夜间活动者，夜猫子”。

例如：

He was naturally a night owl.

译文：

他天生是个**夜猫子**。

fly with the owl　习惯于**晚间**活动，有**夜游**癖好

owl 还指“神情严肃（的）”，如 as grave as an owl 的意思是“神情严肃，板起面孔”。

由于猫头鹰是希腊雅典城的标志和钱币上的图案，bring（或 send, carry）owls to Athens，那就是“运猫头鹰到雅典，多此一举”。

九　中国文化中象征福、寿、爱情的动物

蝙蝠因“蝠”与“福”谐音，所以在中国传统文化中人们把蝙蝠作为幸福的象征。中国民间用五只蝙蝠组成的福寿图案，象征五福，即长寿、富裕、康宁、修好德、善终。

在西方文化中，蝙蝠的形象与邪恶和黑暗联系在一起。生活中蝙蝠可指“妓女，丑妇”。blind as a bat 意思是“完全看不见东西”。batty 形容“神经错乱的，疯疯癫癫的”。因此，bat 译成汉语通常取其形象比喻。

例如：

1. He was groping around blind as a bat, looking for his glasses.

译文：

他什么也看不见，到处摸索着找他的眼镜。

2. The old man had bats in the belfry.

译文：

这老人想法**荒诞**。

3. The criminal drove like a bat out of hell.

译文：

这个罪犯开着车**横冲直撞**。

鸳鸯和比翼鸟在汉语文化中是爱情鸟，象征着忠贞的爱情和恩爱夫妻。所以，鸳鸯在翻译成英文时应取其寓意，译为 an affectionate couple 或 a loving couple。比翼鸟是传说中的鸟，雌雄各一目一翼，不比不飞，因而称为“比翼双飞”，比喻形影不离相亲相爱的夫妻。

唐代大诗人白居易的《长恨歌》中运用了这一形象比喻：

在天愿作**比翼鸟**，在地愿为连理枝。

译文：

We wish to fly in heaven, two birds with the wings of one.

And to grow together on earth, two branches of one tree.

这里，比翼鸟被译成“two birds with the wings of one”既具体又形象，能够引起联想。

第四节 植物的文化蕴含

与动物一样，同一植物由于地域差异在不同民族中形成的观念、引起的联想有所不同。从这一点上讲，一些植物所表征出来的某种特性就是文化蕴含。

下面我们选择一些主要的植物，进行比较说明。

一　松树 pine 与橡树 oak

松树是一种四季常青的树。在我国传统文化中，松树、竹子和梅花并称为“岁寒三友”。由于松树树龄可达千余年，我国历代均以松树象征长寿。为老年人祝寿常送“寿比南山不老松”的寿联或“松鹤图”表示健康长寿。另外，松树一年四季常青，严冬之时，迎着风雪傲然挺立在绝岩峰顶，象征着坚毅、顽强、高洁、刚直不阿的英雄品格和高尚情操。陶铸曾写过一篇著名散文，题为《松树的风格》，颂扬松树的性格。黄山的迎客松则在中国人的心目中有着不可磨灭的印象。然而，pine 在英语中并没有汉语文化中那种象征意义。英美人只知道 pine 是一种常青树，可提供优质木材。

在英美有一种树的象征意义与汉语“松树”的象征意义相同，那就是“森林之王”——橡树（oak）。橡树是一种落叶树，生长在英美等国家。橡树树龄通常达 200—400 年，常长成繁茂的巨树，因此被称为“森林之王”（the monarch of the forest），成为刚健的象征。a heart of oak 意思是“刚强勇敢的人，果断的人”。

显而易见，“松树”与“pine”是对应词，但与“oak”在文化象征意义上一致。翻译中“松树”是按中国文化译成“pine”呢，还是按英语国家文化的习惯译成“oak”？反过来，英语“oak”要不要转译成“松树”。我们认为，没有这种必要，“松树”就译成“pine”，“oak”就译成“橡树”，给读者一个了解异域文化的机会。

例如：

The Oak

Alfred Tennyson[①]

Live thy life,
  Young and old,
Like yon oak,
Bright in spring,
  Living gold;

Summer-rich
  Then; and then
Autumn-changed,
Soberer-hued
  Gold again.

All his leaves
  Fall'n at length,
Look, he stands,
Trunk and bough,
  Naked strength.

译文：

橡　树

阿佛列·丁尼生

过你的生活，
  年轻或者老去，
像那边的橡树一样，
春天时灿烂，

① Alfred Tennyson（阿佛列·丁尼生，1809—1892），英国诗人，曾膺"桂冠诗人"的荣衔，诗作颇丰。

生活舒适富足；

夏天——富庶
　然后；然后呀
秋天——改变，
颜色素朴，
　又是金黄。

他所有的叶子，
　最后落下，
看啊，他站着，
躯干和树枝，
　赤裸的力量。

（叶淑霞　译）

二　竹 bamboo

竹子是一种多年生的禾本科木质常绿植物，在我国生长的历史悠久，分布广泛，与中国传统文化有十分密切的关系。

由于竹子高耸挺拔，冬夏常青，中空有节，质地坚硬，它的这些自然秉性，对于我们善于以物明志，借物抒怀的民族来说，从中产生了丰富的启迪和联想。竹子有“节”，这个“节”字和传统伦理观念中所讲究的节操、贞节、气节的“节”同字多义。人们喜欢用竹子有节来比喻人有气节。竹子空心，即虚心，谦虚自抑，虚怀若谷。这是我们民族所崇尚的一种美德。金人王寂在《次韵郭解元病竹二首》诗中写道：“生死挺然终抱节，荣枯偶尔本无心。比肩耻与蒿莱伍，强项不容冰雪侵。”这是赞竹，更是赞人；是自勉，也是勉人。然而，在中国历代文人咏竹名句中最为人传诵的是郑板桥的一首题所画“竹石”诗：“咬定青山不放松，立根原在乱崖中。千磨万折还坚劲，任尔东西南北风。”诗中竹子坚韧不拔，泰然自若，是诗人正气凛然的象征。

此外，竹子在中国传统文化中还有翠绿常青等多种文化意象。

可是，bamboo 在西方文化中并没有什么特别含义，仅是一种植物而已。由于竹子在英国比较罕见，一般的英美人对竹子的生长了解甚少。汉语中竹子的文化意象未必能在英美人的头脑中产生某种联想。因此，汉语中竹子译成英语要注意其文化内涵，灵活处理。

例如：

1. 胸有成竹　不可译为 have a bamboo in one's breast
　　　　　　应译为 have a well-thought-out plan

厂长对明年的生产计划已**胸有成竹**。

译文：

The factory director has a well-thought-out plan for the next year's production.

2. 雨后春笋　spring up like mushroom

私立学校**像雨后的春笋**一样蓬勃发展起来。

译文：

Private schools sprang up like mushroom.

3. 竹篮打水一场空　draw water with a bamboo basket（achieve nothing; all in vain）

他的努力到头来只落得**竹篮打水一场空**。

译文：

In the end his efforts proved as futile as drawing water with a bamboo basket.

4. 青梅竹马　green plum and a bamboo horse—a girl and a boy had an innocent affection for each other when they played together in childhood

唐代李白《长干行》诗中有两句描写了女子回忆童年时与丈夫一起长大，彼此“青梅竹马”，“两小无猜”的情景：

郎骑竹马来，绕床弄青梅。
同居长干里，两小无嫌猜。

译文一：

Your riding came on hobby-horse astride,
And wreathed my bed with green-gage branches o' er.
At Ch' ang-kan village long together dwelt,
We children twain, and knew no petty strife.

（Fletcher　译）

译文二：

Then you, my Lover, came riding a bamboo horse.
We ran round and round the bed, and tossed about
the sweetmeats of green plums.
We both lived in the village of Chang Kan.
We both very young, and knew neither jealousy no suspicion.

（Amy Lowell　译）

三　梅 plum

梅是在严寒风雪的季节里盛开的花，“梅”和“雪”结成了不解之缘。唐代僧人齐己写过一首《早梅》诗曰：“万木冻欲折，孤根暖独回。前村深雪里，昨夜一枝开。风递幽香去，禽窥素艳来。明年应知律，先发映春台。”这首诗情景交融地写出了梅花傲雪斗霜的特点。另外，梅花色淡清香，枝干无叶如铁，象征“高雅纯洁，清丽而含铁骨之气”等高贵品质。民主革命初期的女革命家秋瑾曾借咏梅以言志，写过《梅》诗十首，其中有一首写道：“冰姿不怕雪霜侵，羞傍琼楼傍古岑。标格原因独立好，肯教富贵负初心？”诗以梅似人，赞美梅花能在恶劣环境中保持玉质冰姿的品格风采。从诗中我们可以看到秋瑾威武不屈、独立不迁的高风亮节。

在西方文化中，plum 却平淡无奇，没有汉语文化中那么丰富的象征意义。虽然如此，但是梅花在中西文化中，物质属性相同，翻译时可采用直译。

杂　诗

王　维

君自故乡来，应知故乡事。
来日绮窗前，寒梅著花未？

WHERE I WAS BORN

Wang Wei

Oh, sir, from the place of my youth are you come,
The things of our village for sure you must know.
Still peeps the sun through my gauze window at home?
The early plum blossom, oh! yet does it blow?

（Fletcher　译）

四　菊文化与翻译

菊花是我国的国粹，与竹、兰、梅并称为“四君子”。菊花

（英文名：chrysanthemum）原为山野自生，经过我们祖先引种选育，培养成了著名的观赏植物，形成庞大品类。晋代陶渊明的"采菊东篱下，悠然见南山"诗句表明，当时菊花已在田园栽培，供人观赏。

菊花因在秋末冬初开放，具有凌霜耐寒、清香飘逸等特性，象征"坚毅、清雅、淡泊"。我国古代文人墨客常常以菊喻人，歌颂菊花的高洁情操，表达菊花的人文内涵。宋代著名诗人、词家爱菊、咏菊，把菊花的品质表现得淋漓尽致。苏东坡以"荷尽已无擎雨盖，菊残犹有傲霜枝"诗句，鼓励人遇逆境而志不移。词人李清照"帘卷西风，人比黄花瘦"，以花喻人情怀的妙句，一向为人传诵。南宋女诗人朱淑贞《黄花》诗中"宁可抱香枝头老，不随黄叶舞秋风"和郑思肖《咏菊》诗中"宁可枝头抱香死，何曾吹落北风中"的名句，使人为菊花从不畏惧强暴，决不屈服恶势力的高尚情操所感动，从而激发出奋发图强的信念。

由此可见，菊花作为我国的传统名花，与我国光辉灿烂的民族文化和传统的精神文明有着很深的渊源，形成了三千年绚丽的中华菊文化。自古以来有大量的文艺作品，如小说、诗歌、散文等以菊为题材赞美它坚强的品格，欣赏它高洁的气质。唐代诗人元稹的《菊花》就是一首咏菊的名作：

秋丛绕舍似陶家，遍绕篱边日渐斜。

不是花中偏爱菊，此花开尽更无花。

译文：

Chrysanthemum

Yuan Zhen

Around the cottage, alone the hedges they grow—

clusters of autumn flowers.

Around the cottage, along the hedges I stroll—

till the sun goes down.

Not that the chrysanthemum is particularly favored,

but that all flowers it's the last to fade and none comes after.

（翁显良 译）

这首诗展现在我们面前的是一幅秋菊满院盛开的景象。如此美好的菊景怎么能不令人陶醉，流连忘返？诗人偏爱菊花因为它在百花之中是最后凋谢的，这其中包含了对菊花经风霜而后凋的坚贞品格的赞美。译文表达出了诗人赏菊、爱菊和赞菊的情景。

五 毛泽东诗词中“杨柳”含义的翻译

毛泽东是一位政治家，也是一位诗人。他的诗词气吞山河，显示了一个伟人的气魄，同时他善用语言技巧和修辞手法，借物喻人，寄情于物。“杨柳”就是一个典型的例子。

毛泽东《蝶恋花·答李淑一》诗词中有两句词：“我失骄杨君失柳，杨柳轻飏直上重霄九”。词中第一句中的杨、柳是姓。杨是杨开慧烈士，毛泽东的夫人。柳指柳直荀烈士，李淑一的丈夫，毛泽东的战友。“杨柳轻飏”中的“杨柳”是双关语，即指第一句中的杨开慧和柳直荀又是杨花柳絮。飏念 yáng，同扬，飘的意思。杨花柳絮飘上了天，实际上是喻指杨、柳二位烈士的忠魂轻盈地飞上了天。

有人将这两句词译为：

I lost my proud Poplar and you your Willow,

Poplar and Willow soar to the ninth Heaven.

读了这两句译文，一定会让人感到十分茫然，不解其意。译者在没有任何注解的情况下，将“杨柳”处理成 poplar 和 willow，貌合神离。

另有人将这首词第一个诗节译为：

THE IMMORTALS

(written for Li shu-yi)

——to the melody *Tieh Lien Hua*

I lost my proud poplar, and you your willow;
Poplar and willow soar to the heaven of heavens;
Wu Kang, asked what he has to offer,
Presents them with cassia wine.

注释：This poem was written on May 11, 1957, for Li Shu-yi, a teacher in the Tenth Middle School at Changsha. It refers to her husband, Liu Chih-hsun, an old friend of Chairman Mao. He joined the Communist Party in 1923, was a commissioner in the Hunan Provincial Government, secretary-general of the Hunan Peasant's Association, and an active participant in the Nanchang Uprising. He fell in the Battle of Hunghu in Hupeh in September 1933. Yang Kai-hui, the author's wife, was a good friend of Li Shu-yi. She was killed by the warlord Ho Chien when the Red Army withdrew from Changsha in 1930. In connection with this poem, Mao Tse-tung wrote to Li Shu-yi: "... I am sending you a poem describing an imaginary journey to heaven. This is different from ancient poems of this style, for the author himself is not the traveller; but similar cases can be found in poems about the Cowherd and Weaving Maid..."

"Poplar" refers to Yang Kai-hui, for the character yang means "poplar." "Willow" refers to Liu Chih-hsun, for liu means "willow."

译者同样把这个诗节的前两句中的“杨柳”直译成 poplar 和 willow，但对题目和“杨柳”作了详尽注释，道明了“杨柳”的深刻含义，译得很好。

我们再看“杨柳”在毛泽东另一首词中的翻译。

《七律二首·送瘟神》是毛泽东读了 1958 年 6 月 30 日《人民日报》关于江西余江县消灭血吸虫病报道后，在极度激动和喜悦的心情下所写的两首律诗。第二首诗中有两句诗："春风杨柳万千条，六亿神州尽舜尧。"这里所说的是诗人对新社会新生活的形象表述。春风吹拂杨柳新绿，简直是一幅色彩鲜艳的图画，象征着祖国欣欣向荣的新景象。那么，这种意象怎么译呢？

亚瑟·古柏将这两句诗译为：

Spring wind move willow wards,
in tens of millions;
Six hundred million we
shall all be sage-kings!

另有人将这两句诗译为：

The spring wind blows amid profuse willow wards,
Six hundred million in this land all equal Yao and Shun.

这两种译文都把"杨柳"处理成"willow"。从语言的角度讲，这没有什么不妥，但文化意象有所损失。

总之，通过以上对毛泽东诗词中"杨柳"的分析和翻译，我们可以看出，杨树、柳树在汉语文化中能引起人们的联想，具有象征意义。可是，英语 poplar、willow 并非如此。英美人读了上面毛泽东诗词的译文后很难产生同中国人同样的感受。因此，"杨柳"在一定的语境中译成"poplar and willow"或"willow"只能是语言上对等，文化意义的散失是显而易见的。

六 桃花 peach blossom

桃花因色泽艳丽、赏心悦目，深受历代文人赞赏。在中国传统文化中，桃花有着不同的喻义。

1. 桃树或桃花比喻漂亮的女子。《诗经·桃夭》是首写女子出嫁的诗歌。本诗以桃树与女子相比。唐代诗人崔护的《题都城南庄》是诗歌中桃红与女人的佳作：

去年今日此门中，人面桃花相映红。
人面不知何处去，桃花依旧笑春风。

译文：

A whole year ago to the gate I did pace
With blooming peaches shining upon her face
Now the smiling face which I saw and miss has gone nowhere
The peaches are still coming into bloom in spring breeze here

（佚名 译）

现代汉语中这种桃树与女子的比喻也很多。

例如：

“桃腮杏眼”比喻漂亮的女子，应译为：peach-like cheeks and almond-shaped eye—the beauty of a woman。

“交桃花运”指男子遇到一位漂亮的女子，应译为：be lucky in love affairs。

“桃色”（love affairs and sex scandal）则指男女之间不正当关系，如“桃色新闻”，“桃色事件”等。

2. 桃花源喻指一种理想境界，是东晋陶渊明在《桃花源记》中提出的一个理想社会。在那个社会里，没有剥削，人人自食其力，大家和睦相处，互相帮助。这个“世外桃源”有点像西方文化中的乌托邦世界。有人认为将“桃花源”、“世外桃源”译成 Utopia 顺理成章。其实，陶渊明的“桃花源”和英国人莫尔的“乌托邦”似乎都是幻想中的理想社会，但并非完全一样。如果“桃花源”的翻译中丢掉了“桃花”意象，就失去其文化含义。因此，“世外桃源”应译为：the Land of Peach Blossoms—a fictitious land of peace, away from the turmoil of the world。

3. 桃李因其硕果累累，象征教师培养学生的业绩，比喻所教学生。如果把“桃李满天下”中的“桃李”译成 peaches and plums 就会令人费解，应取其喻义译成“have pupils everywhere”。

4. 桃符是古代在大门上挂的两块画门神或题着门神名字的桃木板，认为能压邪。后来在上面贴春联，因此借指春联。

王安石有诗曰：

千门万户曈曈日，总把新桃换旧符。

译文：

To every home the sun imparts its brighter rays,
Old peach charms, renewed, against evil shall insure.

七 杏 apricot

与桃花一样，杏（花）在中国传统文化中也有多种象征意义。

杏花妖艳、妩媚，象征着春意。宋人叶绍翁《游园不值》诗所谓“春色满园关不住，一枝红杏出墙来”，是由“一枝红杏”联想“春色满园”，以少胜多，倍见精神。而“红杏枝头春意闹”，“一段好春藏不住，粉墙斜露杏花梢”等，皆异曲同工。又杏花最宜在春雨中观赏，分外妖娆。杜牧的“清明时节雨纷纷……牧童遥指杏花村”，陈与仪的“客子光阴诗卷里，杏花消息雨声中”，陆游的“小楼一夜听春雨，深巷明朝卖杏花”，表达了春雨中看杏花的情景。

在唐代，杏花曾被看作为中举吉祥花的形象。当时在京城长安曲江池西南有一杏园，天子在此设宴招待中举者。王定保《唐摭言》卷三：“进士题名，自神龙已来，杏园宴后，皆于慈恩寺塔下题名，同年中推善书者纪之。”最有象征性的例子是中唐张籍痛悼同期中举者孟寂之死的《哀孟寂》诗，其云：“曲江院里题名处，十九人中最少年。今日春光君不见，杏花零落寺门前。”

另外，古时民间常用“杏林”比喻医家。相传三国有位名医为人治病不收报酬，对治愈的病人只求为其种几株杏树，数年之后竟得杏树十万余株，蔚然成林。后世常用“杏林春满”、“誉满杏林”等来称颂医家。

然而，英语 apricot 没有汉语“杏”那些文化象征意义，通常指果实“杏”（fruits）、杏树（tree）和杏花（blossom）。另外，英语 almond 的意思是“杏仁”。因此，汉语中“杏”文化象征意义的翻译值得探讨。

下面是诗歌中“杏”的汉译英实例。

宋叶绍翁《游园不值》诗句：

春色满园关不住，一枝红杏出墙来。

译文一：

Yet blots and bars can't quite shut in the spring-beauteous pall:
A pink-flowered almond-spray peers out athwart the envious wall!

（Giles　译）

译文二：

The garden, all ablaze with spring, Is closed in vain.
For, there, a crimson spray of apricot Beyond the wall escapes.

（Candlin　译）

在这两个译例中，“一枝红杏”，两种译法。相比之下，Candlin 的译文 a crimson spray of apricot 优于 Giles 的译文 a pink-flowered almond-spray。

第五节　事物的文化含义

事物的文化含义是指通过具体事物自身具有的特征表示一种

抽象的意义。或者说，通过客观事物的特点来象征不同民族的主观文化心理。

一 “月亮”的象征意义

月亮（moon）是一个借太阳发光的星球，全世界的人们共同享受着一轮皎洁的明月。但月亮和月光在西方人和中国人心目中所产生的联想却完全不同。

在中国，明月使人产生思乡之情。唐诗人李白千古名诗《静夜思》曰：“床前明月光，疑是地上霜。举头望明月，低头思故乡。”诗人另一首佳作：“峨眉山月半轮秋，影入平羌江水流。夜发清溪向三峡，思君不见下渝洲。”道出了游子思乡的真情实感。诗人杜甫的《月夜忆舍弟》：“露从今夜白，月是故乡明”，同样表达了对故乡的眷恋之情。像这样以月亮为题材的名句佳作在中国诗歌和其他文学作品中，俯拾皆是，不胜枚举。一句话，中国人爱月、颂月，用明月寄托思乡之情。

但是，对美国人来说，看到月亮会使他们想起尼尔·阿姆斯特朗乘坐阿波罗Ⅱ号1969年7月20日首次登月的情景，还有那句名言：“That’s one small step for a man, one giant step for mankind.”（对一个人是一小步，对人类是一大步。）

这里不难看出月亮在中西方文化中的意象完全不同。中国文化中月亮的象征意义很难为英美人所理解。但是，月亮毕竟是中西方人都十分熟悉的事物。我们认为，随着中西方文化交流的不断深入，月亮在中国文化中的意象将逐渐为英美人所接受。为此，翻译家将大量月亮题材的文艺作品译成英语，将月亮这一文化意象介绍给西方读者。

下面是唐代诗人李白《静夜思》的翻译。

译文一：

NIGHT THOUGHTS

I wake, and moonbeams play around my bed,
Glittering like hoar-frost to my wandering eyes;
Up towards the glorious moon I raise my head,
Then lay me down—and thoughts of home arise.

(Giles　译)

译文二:

NIGHT THOUGHTS

In front of my bed the moonlight is very bright.
I wonder if that can be frost on the floor?
I lift up my head and look at the full moon, the dazzling moon.
I drop my head, and think of the home of old days.

(Amy Lowell　译)

译文三:

IN THE QUIET NIGHT

So bright a gleam on the foot of my bed—
Could there have been a frost already?
Lifting myself to look, I found that it was moonlight.
Sinking back again, I thought suddenly of home.

(Witter Bynner　译)

这三个译文都直接将“月亮”、“月光”译成“moon”、“moonlight”,并把“月亮”、“月光”与“思乡”相联系,使读者能够感受到望明月,思故乡的情景,表达出了月亮的文化意象。

再看一下月亮表示爱情的译例。

中国人喜欢把月亮当成美好的事物来形容,特别是爱情。苏东坡词云:“但愿人长久,千里共婵娟”,月亮寄托了一种相思之情。

译文：

Let's wish the happiness be with us forever,
And enjoy the moon together,
Though we are miles away from each other.

（佚名 译）

当代词曲作家孙仪在歌曲《月亮代表我的心》中用月亮代表纯真的爱情，表达了人们对爱的渴望和向往，唱出了人们发自内心对美好爱情的呼唤和追求，打动和感染了亿万人的心。

月亮代表我的心

孙 仪

你问我爱你有多深，
我爱你有几分？
我的情也真，
我的爱也真，
月亮代表我的心。
……

译文一：

The Moon Represents my Heart

Sun Yi

How deep I loved you,
How strong emotion within myself
You are wondering?
My feeling is true,
My love is never new,
The moon represents my heart.
...

（佚名 译）

译文二：

The Moon Speaks of My Mind

Sun Yi

You ask how deep my love shall grow;
And how much I care for you.
All my care is real;
All my love is true.
The moon speaks of my mind.
...

（佚名　译）

这两个译文将“月亮”（moon）与“爱”（love）相联系，使西方读者容易理解和接受，联想到月亮代表爱情的意象。

二　中国山水文化与翻译

所谓“中国山水文化”，就是由山水而引发的文化沉积，也可以说是以山水为表现对象的文化。在中国诗歌中，历代许多著名诗人寄情山水，创作了无数诗篇。特别是在唐代，中国山水诗的创造进入高峰，取得了辉煌的成就。若要将这些山水诗译成英文，就有一个中国山水文化的再现问题。

唐诗中，诗人总是把人生忧愁与悲情寄寓于流水之中。流水成了诗人表达伤逝之情，感叹人生易逝的一种感情的象征物。张若虚在《春江花月夜》里向月轮发问：“不知江月待何人，但见长江送流水。”诗中流露出诗人一种此身何所寄托的凄凉之感。“愁”本来是无形的，可在李煜“问君能有几多愁，恰似一江春水向东流”（《虞美人》）这两句词中那无边无际、奔腾不已的愁绪得到了具体生动的表现。

唐诗中，流水还有象征时光逝去的深切含义。“君不见黄河之水天上来，奔流到海不复回。”“无边落木萧萧下，不尽长江滚滚来。”等诗句表达的正是这一种意境。

唐诗中，山的寓意没有流水那么丰富。山通常用来比喻至死不渝的忠贞爱情。唐无名氏《菩萨蛮》：“枕前发尽千般愿，要休且待青山烂。水面上秤锤浮，直待黄河彻底枯。”诗歌以青山石烂比喻爱情的至死不渝，产生了震撼人心的效果。

由此可见，流水、青山在唐诗中有丰富的文化蕴含，注入了诗人复杂的思想感情，能够引起读者不尽的思绪和联想。那么，这些唐诗译成英文后英美人能否会有中国读者同样的感受呢？有人认为：“像这样的文学意象具有高度可译性，如果把它们直接译成另一种语言中相对应的物象，它的寓意也基本上能得到转达。”（《外国语》1996年第3期）也就是说，“流水”、“山”可直译成“water, river, stream”、“mountain, hill”，其中国文化含义不会散失得太多。

例如，上文中唐无名氏《菩萨蛮》的翻译：

On the pillow we make a thousand rows, and say
Our love will last unless green mountains rot away,
On the water can float a lump of lead,
The Yellow River dries up to the very bed.

（许渊冲 译）

再看一首唐诗的翻译：

在中国山水文化中，庐山山水是中国山水文化的精彩折射，是中国山水文化的历史缩影。庐山的自然，是诗化的自然，亦是“人化”的自然。唐代诗人李白，五次游历庐山，为庐山留下了《庐山谣寄卢侍御虚舟》等14首诗歌，他的《望庐山瀑布》同庐山瀑布千古长流，在中华大地及海外华人社会家喻户晓，成为中国古代山水诗歌的极品。下面是《望庐山瀑布》的翻译：

望庐山瀑布

李　白

日照香炉生紫烟，遥望瀑布挂前川。
飞流直下三千尺，疑是银河落九天。

译文一：

CATARACT ON MOUNT LU

Li Bai

The sunlit Censer perk exhales a wreath of cloud;
Like an upended stream the cataract sounds loud.
Its torrent dashes down three thousand feet from high;
As if the Silver River fell from azure sky.

（许渊冲　译）

译文二：

Viewing the Waterfall at Mount Lu

Li Bai

Sunlight streaming on Incense Stone kindles a violet smoke:
Far off I watch the waterfall plunge to the long river,
Flying waters descending straight three thousand feet,
Till I think the Milky Way has tumbled from the ninth height
of Heaven.

（Burton Watson　译）

第五章

宗教文化与翻译

第一节　宗教文化翻译研究

“宗教”一词在英语中为 religion，源于拉丁文 religlo，意为敬神。在汉语中，“宗教”一词的源出有不同说法。一说为“宗教”二字合并起来使用始于佛教术语。《景德传灯录》十三《圭峰宗密禅师答史山人十问》之九曰：“（佛）灭度后，委付伽叶，展转相承一人者，此变盖论当为宗教主，如土无二王，非得度者唯尔数也。”一说为华鸣在《“宗教”一词如何定义》一文中认为，“宗教”一词是日语借用汉字“宗”和“教”二字而造的一个新词。宗教就是奉祀神祇，祖先之教。《辞海》对“宗教”的解释是：“宗教，社会意识形态之一。相信并崇拜超自然的神灵。”这里我们不难看出，“宗教”一词在英汉两种语言中有着各自的源出，但其基本的含义是一致的，宗教是人对神灵的信仰。

从人类学和文化学意义来讲，宗教是人类文化的一种特殊形态，与人类文化共同产生和发展，在人类任何一种文明中都占有一席之地，迄今为止，世界上尚未发现任何一个民族没有宗教。

因此，宗教文化是人类文化一个重要的组成部分。然而，宗教文化必定是由民族的宗教信仰、意识等所形成的文化，具有民族性。不同宗教是不同文化的表现形式，反映出不同的文化特色。这里，文化是本质性的，宗教只是文化的形式，宗教依赖于文化，有其具体的文化前提。在西方，基督教构成了西方文化的大背景，使得中世纪以来的西方文化的任何一部分或多或少地具有基督教的气息。在中国，儒教、佛教、道教是大家公认的三大宗教。这三大宗教在中国文化中占有极其重要的地位，在中国民众中有着深远的影响。所以，中西文化之差异从根本上说，来源于中西宗教信仰、观念的不同。问题在于，这种中西宗教文化方面的差异在翻译时怎样处理，才能“再现”中国或西方宗教文化的精神实质。

有人认为，宗教文化翻译可采用“转化”的手法。套用现成的成语或俗语。例如：英国翻译家大卫·霍克斯（David Hawkes）在翻译《红楼梦》（*The Story of a Stone*）第六回刘姥姥说的“谋事在人，成事在天”这句话时，把它译成“Man Proposes, God disposes”，似乎神形兼备，汉语成语巧对英语谚语。这里，霍克斯将“天”译成“God”，把原文中的道教概念转化成了西方的基督教概念。必须指出，显然这种译法有利于西方读者的理解的接受，但这从根本上抹杀了道教与基督教两者之间存在着的不同宗教背景和深层次的文化差异。可以肯定地讲，此译例中的“天”与“God”是不能够相对应的。

所以，有人认为，宗教文化翻译只能采用“直译”的方法，保留原文中浓厚的宗教文化色彩。我国著名翻译家杨宪益在翻译“谋事在人，成事在天”这句话时采用了这种方法。他将“天”直译为“Heaven”（Man proposes, Heaven disposes），再现了原作的文化特色，保存了原作的道教概念。

通过对这个经典译例的分析，我们可以得出这样一个结论：宗教文化翻译应尽量采用“直译”的方法，保留原作的宗教文化特色。相比之，“转化”的方法，套用现成成语的译法与文化翻译的原则相左。

第二节 西方基督教文化与翻译

说到西方宗教，无疑就是指基督教。这不仅因为基督教是西方人的主要信仰，还因为它对西方社会文化产生了巨大而深远的影响，其本身也成为西方文化的主要组成部分，或者说是西方文化的核心。正是基于此，有些学者把西方文化称为“基督教文化”。

一 基督教经典《圣经》

《圣经》（*The Bible*）是基督教的经典，包括《旧约》（*The Old Testament*）和《新约》（*The New Testament*）两大部分，共计66卷。《圣经》是由三十多位作者，历时一千多年才创作完成的一部巨著。自中世纪以来，《圣经》渗透到上层建筑的各个领域，可谓一组逾越千年的古典丛书，是人类历史上最有影响的一部文集。据统计，目前《圣经》已经有三百多种文字的版本，是世界上流传最广和数量最多的书。

《圣经》不仅是一部宗教经典，而且是西方文化的重要支柱。它记载了犹太民族和古代地中海地区其他民族的历史、神话、传说、诗歌、民俗、伦理、法律等重要史料。它作为宗教圣典，是督教教义的基础，为基督教信仰的根本。但这部巨大的宗教文献汇编，同时又是一部瑰丽奇绝的文学艺术杰作。它以小说、历史、诗歌、戏剧、书信等不同体裁，记述了古代信仰和再现了远古生活风情。《圣经》中通过生动的人、物形象所表述的宗教观念，一方面仍给宗教信徒们带来神秘奥妙、奇远绝深的信仰寓意，另一方面则成为西方文化生活中广泛流传、家喻户晓的成语典故，并被广泛地引用到文学作品中。下面我们探讨一下源于《圣经》的成语典故的翻译。

例 1：

Would any of the stock of Barrabbas
Had been her husband rather than a Christian!

（莎士比亚《威尼斯商人》）

译文一：

我宁愿她嫁给强盗的子孙，不愿她嫁给一个基督教徒。

（朱生豪　译）

译文二：

哪怕她跟巴拉巴的子孙做夫妻，
也强似嫁给了基督徒！

注：巴拉巴（Barrabbas）：古时强盗名，见《新约·马太福音》XXVII，15—20。

（方平　译）

这个译例中 Barrabbas 是何许人也？原来他是古时候一个强盗的名字。典出《圣经·新约》第 27 章。对英国人来说，这个典故几乎无人不晓。可是中国人对此是一无所知，很难产生某种联想。鉴于此，朱生豪采用归化的方法将“Barrabbas”译成“强盗”，体现了原文的意思，有利于读者阅读。方平先生采用直译加注的方法对这一典故进行了处理，使读者熟悉和了解了这一典故的文化内涵，丰富了读者文化知识。所以，从文化翻译的角度讲，方译实为最佳选择。

例 2：

Every gaze fastened on it with a kind of shrinking awe as if fearful to look upon a ghost... For five years he had been present in all their minds, not as a man but as an idea; now he was going to walk through the door and they would look on Lazarus.

译文：

每个人的目光都带着一种令人怦然的敬畏表情盯着门口，就像害怕看一个幽灵似的……五年来，他们头脑中的他不是一个人而是一个概念。现在，他就要从这道门走进来，他们则要面对从坟墓站起来的**拉撒路**。

这个典故出自《圣经》。Lazarus（拉撒路）染病而死，基督（Jesus）使拉撒路从坟墓站起来，起死回生。人们通常用“拉撒路”比喻重病康复或大难不死。译者用直译和增词的方法使这一典故一目了然。

例3：

In their efforts to explain and justify the secret U. S. sales of weapons and spare part to Iran—which shattered the entire foundation of the Administrations fervent public efforts to take a strong stand against terrorism—Reagan and his aides last week seemed only to be erecting a Tower of Babel abuse with conflicting voices.

译文：

上星期，里根及其助手们竭力为美国向伊朗秘密出售武器和零件一事进行解释和辩白——里根政府为表示其反对恐怖主义的坚定立场曾做了狂热、公开的努力，但这次事件已把这一切都摧毁殆尽——其结果似乎只是引起众说纷纭的大混乱，仿佛**通天塔**重现。

此译例中的“通天塔”（Tower of Babel）源出《圣经·旧约》。洪水大劫以后，挪亚子孙想在巴比伦城修建一座通天塔，作为自豪的象征，来反抗上帝。上帝变乱了他们原来统一的语言，使他们彼此不通，这座塔就半途而废。基于这个故事，人们把通天塔当作各种声音交错混杂的代名词，或者用通天塔来比喻一般性的混乱场景。上面这个译例描述了“伊朗门事件”败露后白宫的混乱局面。译者根据上下文直译出“通天塔”，恰到好处。

二　基督教观念翻译举隅

宗教文化翻译中一个重要问题是宗教观念的翻译。在翻译实践中，译者往往采用本民族的宗教观念代替原文中的异族宗教观念，使译文中的宗教观念混乱，与原文一不致。对此，我们认为，译者在进行宗教观念的翻译时应本着“原汁原味”的原则，再现原文中的宗教观念，用本民族的宗教观念去替换的方法是行不通的。

众所周知，莎士比亚是一位深受基督教思想观念影响的伟大作家。有人统计莎士比亚戏剧作品中平均每部引用《圣经》14次。由此可见，莎士比亚作品中渗透着浓厚的基督教思想观念。下面我们引用莎士比亚《威尼斯商人》第四幕第一场中的一个片断来探讨基督教观念的英译汉问题。

PORTIA　Then must the Jew be merciful.
SHYLOCK　On what compulsion must I? Tell me that.
PORTIA　The quality of mercy is not strain'd.
It droppeth as the gentle rain from heaven
Upon thd place beneath: it is twice blest, —
<u>It blesseth him that gives, and him that takes</u>:
Tis mightiest in the mightiest: it becomes
The throned monarch better than his crown;

His sceptre shows the force of temporal power,
The attribute to awe and majesty,
Wherein doth sit the dread and fear of kings;
But mercy is above this sceptred sway;
It is enthroned in the hearts of kings,
It is an attribute to God himself;
And earthly power doth then show likest God's
When mercy seasons justice. Therefore, Jew,
Though justice be thy plea, consider this
That, in the course of justice, none of us
Should see salvation: we do pray for mercy;
And that same prayer doth teach us all to render
The deeds of mercy. I have spoke thus much
To mitigate the justice of thy plea;
Which if thou follow, this strict court of Venice
Must needs give sentence 'gainst the merchant there.

译文一：

鲍西娅　那么犹太人应该慈悲一点。

夏洛克　为什么我应该慈悲一点？把您的理由告诉我。

鲍西娅　慈悲不是出于勉强，它是像甘霖一样从天上降下尘世；**它不但给幸福于受施的人，也同样给幸福于施与的人**；它有超乎一切的无上威力，比皇冠更足以显出一个帝王的高贵：御杖不过象征着俗世的威权，使人民对于君上的尊严凛然生畏；慈悲的力量却高出于权力之上，它深藏在帝王的内心，是一种属于上帝的德性，**执法的人倘能把慈悲调剂着公道，人间的权力就和上帝的神力没有**

差别。所以，犹太人，虽然你所要求的是公道，可是请你想一想，要是真的按照公道执行起赏罚来，谁也没有死后得救的希望；我们既然祈祷着上帝的慈悲，就应该按照祈祷的指点，自己做上些慈悲的事。我说了这一番话，为的是希望你能够从你的法律的立场上作几分让步；可是如果你坚持着原来的要求，那么威尼斯的法庭是执法无私的，只好把那商人宣判定罪了。

（朱生豪　译）

译文二：

波希霞　那么只好犹太人放慈悲些了。

夏洛克　根据什么，是规定的吗？请说一个道理。（转过身去，表明轻蔑）

波希霞　慈悲，并不是硬逼强求的东西，
它，像甘霖一样，从天而降，
洒落人间。它给人双重的祝福——
祝福那施主，也赐福给受施的人。
它，万王之王所奉行的王道，
它，比皇冠更适合于帝皇的身份；
帝皇手里的节杖，无非是象征着
世俗权势，叫人诚惶诚恐，
让君主笼罩在煊赫与威严的中央。
可是慈悲，却高出于王权的势焰；
它，供奉在帝皇的内心深处，
是替天行道，象征了上帝的宏恩。
人间的权威跟上帝的天道最接近，
若是王法里渗透着慈悲的德性。

所以，犹太人，你要求的虽说是王法，
可是想一想，依着王法执行赏罚，
那我们中间，谁还能够得救？
我们都作祷告：祈求上天的慈悲，
这祷告就指点我们：每个人都该乐善好施。
我说了这一番话，
无非想劝你，别坚持那法律的条文；
要是你说一不二，那么，威尼斯的法庭
执法无私，只好判那商人败诉。

（方平　译）

这个片断选自《威尼斯商人》第四幕（法庭）。夏洛克为了复仇，拒绝了巴萨尼奥愿意付出三倍于原数的钱，执意要按约办事，从安东尼奥胸口割下一磅肉来偿债。这时女扮男装的波希霞以法学博士的身份神奇地出现在法庭上。译例是波希霞劝说夏洛克的一段话，充满了基督教的思想观念。现我们比较一下朱生豪先生和方平先生的译文，找出存在差异的原因。

（1）It blesseth him that gives, and him that takes

这里两位译者对 him that gives 的处理有所不同。方平先生将其译为“施主”，有点不妥。“施主”是中国宗教观念。和尚或道士称施舍财物给佛寺或道观的人，通常用来称呼一般的在家人。可见，“施主”一词不符合原文的基督教思想观念。相对之下，朱生豪先生的译文则避免这一失误。

（2）It is an attribute to God himself;

And earthly power doth then show likest God's

方平先生将这两句话译为：

是替天行道，象征了上帝的宏恩。

人间的权威跟上帝的天道最接近，

译文中第一句的"替天行道"与"上帝"，第二句话的"上帝"与"天道"显然是矛盾的观念。那么两者怎能相提并论呢？这种译法明显地违背了文化翻译"词语（观念）与文化氛围相一致"的原则，是不可取的。朱生豪先生的译文不存在这个问题，宗教观念与基督教文化氛围相融洽，译得很好。

我们再看一个译例：

Winter Wonderland

Sleigh bells ring, are you listening?
In the lane snow is glistening
A beautiful sight, we' re happy tonight
Walking in a winter wonderland

Gone away is the bluebird
Here to stay is the new bird.
He sings a love song as we go along
Walking in a winter wonderland

In the meadow we can build a snow man
And pretend that he is Parson Brown
He' ll say, "are you married?"
We' ll say, "No, man!"
But you can do the job when you' re in town

Later on, we' ll conspire
As we dream by the fire
And face, unafraid, the plans that we made
Walking in a winter wonderland

In the meadow we can build a snow man
And pretend that he's a circus clown!
We' ll have lots of fun with Mr snow man
Until the other kiddies knock him down

Note:

Parson Brown: a legendary character in the church who often acts as a go-between

译文:

冬日的仙境

雪橇铃响了，你在听吗?
巷中的白雪，发光闪烁
美丽的景色，我们今晚好幸福
在冬日的仙境中行走

飞走的是蓝色鸣鸟
飞来的是只新鸟
当我们朝前走着时，它唱着一首爱情歌曲
我们在冬日的仙境中行走

在草地上，我们做了一个雪人
我们假设他就是布朗牧师
他问道:“你们结婚了吗?”
我们回答:“没有呢，布朗牧师”
但当你来到镇上时，你可为我们做这件事。

过一阵，我们将密谋策划

当我们在火堆旁做梦时
毫无惧色地实施我们的计划
在冬日的仙境中行走

在草地上我们可以做一个雪人
我们假设他是马戏团的一位小丑
我们将把雪人先生很好地戏弄一番
直到其他孩子将他打倒

这是一首美妙的圣诞歌曲。作者通过白雪、雪橇铃响、蓝天鸣鸟、堆雪人等描绘了一幅美丽的圣诞景色。那么，歌曲中的 winter wonderland 译成“冬日的仙境”合适吗？答案当然是否定的，因为“仙”是指道教中的“神仙”，“仙人”。“仙境”是指“神仙居住的地方”，或“比喻虚无缥缈的美妙幻境”。显然，winter wonderland 并非指什么“仙境”，而是描绘白色圣诞的美丽景色。因此，如果将 winter wonderland 改译成“冬日胜景”，不仅符合歌曲原意和文化氛围，而且是妙不可言。

三　基督教主要宗教活动和节日的翻译与简介

同其他宗教一样，基督教有许多宗教活动和节日。基督教信徒们虔诚地参加这些宗教活动和庆祝基督教节日。下面我们对一些主要的宗教活动和节日进行翻译并予以简介，供参考。

基督教主要宗教活动：

Mass　弥撒

罗马天主教的礼拜仪式，包括圣餐的庆祝仪式。小弥撒用口说；大弥撒较为复杂，其仪式包括唱赞美诗和圣歌。

Service　礼拜

新教的主要崇拜活动，一般是在礼拜天举行，其他日子也可举行。新教的礼拜仪式比较简单，一般包括祈祷、读经、唱诗、证道、祝福等。礼拜由主要牧师主领。

Prayer　祈祷，祷告

信徒在心灵上与上帝直接沟通的一种方式。

Abstinence　守斋

斋戒是信徒们向上帝表示认罪、悔改或自洁、虔修的方式之一。

基督教主要节日：

Christmas　圣诞节

每年公历的12月25日。庆祝耶稣基督的诞生，亦称“主降生节”或“耶稣圣诞瞻礼”。

Circumcision of Jesus　耶稣受割礼日

每年公历的1月1日。

Epiphany　耶稣显现节，主显节

纪念耶稣诞生后的1月6日，向东方三位贤者显现的节日。

Purification of Mary 圣母行洁净礼日，献主节

每年公历的2月2日。

Annunciation　圣母领报节，天使报喜节

天使Gabriel告知圣母Mary她将生耶稣。每年公历的3月25日为此节。

Carnival　狂欢节，嘉年华会

天主教徒在四旬斋Lent前一周内的狂欢饮宴。

Lent　四旬斋，大斋期

复活节前40天，为纪念耶稣在荒野禁食40天而行绝食或忏悔。

Ash-Wednesday　圣灰星期三

天主教四旬节Lent的第一天，以圣灰撒在头顶上作为忏悔

的表示。

Palm Sunday　圣枝主日

复活节前的星期日。源自基督进入耶路撒冷时，民众拿着棕榈树枝（实际上是椰枣树枝）迎接的故事。

Good Friday　耶稣受难日

复活节前的星期五。

Easter　复活节

庆祝基督复活的节日，对基督徒而言仅次于圣诞节的重要节日，以3月之后第一个满月的日子为基准。并把此日之后的第一个礼拜天作 Easter Day 或 Easter Sunday 来庆祝。

Ascension　（耶稣）升天节

复活节后第40天（5月1日至6月4日之间）星期四为此节。

Pentecost　圣灵降临节

复活节后第七个礼拜日（Whitsunday）。

Trinity Sunday　三一节，复活主日

圣灵降临节后的星期日。

Corpus Christi　基督圣体节

三一节后的星期四（5月22日至6月25日之间）为此节。

Transfiguration（耶稣）变容节

每年公历的8月6日。

Assumption of Mary　圣母升天节，圣母安息节

每年公历的8月15日为此节。

Nativity of Mary　圣母诞生日

每年公历的9月8日。

Exaltation of the Cross　圣十字架节

每年公历的9月14日为此节。

All Saints' Day 万圣节

每年公历的 11 月 1 日。

Feast of Christ the king 基督圣王节

圣诞节前第五个主日。

Advent（基督）降临节

圣诞节之前，包括四个星期日的期间。

Thanksgiving Day 感恩节

美国基督新教节日，每年公历 11 月的第四个星期四举行。1621 年，移居北美普利茅斯的英国清教徒为感谢上帝恩赐大丰收而举行的庆祝活动，后成为美国全国性节日。

第三节 中国佛教文化及翻译

中国宗教的概念由儒、道、佛三大宗教组成，构成了一种三教结合的中国宗教文化，成为源远流长的中国传统文化的三大源流。有人打个比方，中国传统文化犹如一大河流，其上游是儒、道两个支流的汇合，在中游处又有佛教支流汇入，与大河的原有水流相互激荡，奔向远方。其中，佛教作为一种外来的宗教信仰，对中国文化发生了极其广泛和深刻的影响。

佛教于公元前 5 世纪由印度的释迦牟尼创立，公元 1 世纪（西汉）时由印度传入中国。佛教在中国流传过程中，以其自身文化的优势和特点，对中国文化产生着强大渗透力，充实与丰富了中国文化。同时，佛教也深受儒家、道家的影响，逐步中国本土化和民族化，成为中国文化的重要组成部分。

实际上，佛教自汉传入以来一直都占据着中国宗教的头把交椅，也代表着一支强大的文化力量。“南朝四百八十寺，多少楼台烟雨中。”这是唐代诗人杜牧在诗中描绘的佛教在南朝

(420—589)时发展到高潮时的盛况。如今代表佛教文化的景观在中华大地上随处可见，如五台山、峨眉山、普陀山和九华山四大佛教圣地，西安的大雁塔、小雁塔，河南嵩山少林寺、洛阳白马寺等，还有布达拉宫、塔尔寺等藏传佛教寺庙。这些自然景观和建筑艺术都是佛教文化的杰出代表，是中华文明的宝贵财富和人类优秀文化遗产。

一 佛教与翻译

佛教作为一种外来文化在中国传播与翻译有着不解之缘，佛经的翻译开创了中国翻译事业的先河。据史籍记载，汉明帝永平七年（64）派遣使者12人前往西域访求佛法。公元67年他们同两位印度的僧人迦叶摩腾和竺法兰回到洛阳，带回了经书和佛像，建造了中国第一个佛教寺院——白马寺（据说是以当时驮载经书佛像的白马而得名），开始翻译了一部分佛经，相传就是现存的《四十二章经》，是《阿含经》的节要译本，这是我国有记载的最早的佛经翻译。建和二年（148）安息国（今伊朗）僧人安世高到洛阳弘扬传播佛法，数年后将《人本欲生经》等佛教经典译成中文，使小乘佛教经典得以系统传入中国。此后，在汉末和魏晋南北朝时期，佛经大量译成中文，出现了支谦、康僧会、竺法护、道安、鸠摩罗什、法显、菩提支流、真谛等众多的翻译家。

谈到佛经的传播与翻译，就不得不提到中国历史上的一个伟大人物——玄奘（602—664），他世称三藏法师，俗称唐僧，是唐代高僧、佛教学者、旅行家，与鸠摩罗什、真谛并称为中国佛教三大翻译家。这一位孤征16载、独行5万里，足迹遍于西域、印度等国而且留下一部不朽的游记——《大唐西域记》的伟大旅行家，这一位通达中印文字、洞晓三藏教理，由留学僧而最后主持当时印度最高学府——那烂陀寺的讲席，受到了印度及西域各国国王和僧俗人民欢迎敬重的伟大的佛教学者，以毕生精力致力于中印文化交流事业，译出经论 1335 卷（约五十万颂），他的系统的翻译规模、严谨的翻译作风和巨大的翻译成果，在中国翻译史上留下了超前绝后的光辉典范。

佛经的翻译不仅推动了佛教在中国的传播与发展，也对中国文学产生了全面、深远的影响，使中国文学在内容和形式两方面发生了巨大变化，推动了中国文学的发展。《维摩经》、《法华经》、《楞严经》和《百喻经》等是佛教典籍，本身也是瑰丽多彩的文学作品，为中国文人所喜爱。又如《本生经》是叙述佛陀生前的传记文学，《佛所行赞》是长篇叙事诗。这些佛学经典被翻译成中文，不仅创造了融冶华梵的新体裁——翻译文学，而且为中国文学的创作带来了新的意境、新的文体和新的命意遣词的方法。佛教典籍鼓舞了中国晋、唐小说的创作，并为后来的古典小说如《西游记》、《三国演义》、《金瓶梅词话》和《红楼梦》等的创作提供了故事情节和思想内容。

二 佛教词语的英语翻译

随着佛经的大量翻译，反映佛教概念的词语，也大量进入汉语，使汉语词汇丰富起来。其中有的是用原有的汉字翻译佛教的概念，使之具有新的意义，如“因缘”、“境界”等。有的是外来语的音译词，如“佛陀”、“菩萨”、“沙门”、“菩提”等。下面我们探讨一下佛教词语的英语翻译问题。

1. 中国佛教词语英译

佛教 Buddhism

中国佛教 Chinese Buddhism

中国佛教协会 The Buddhist Association of China（会长 President，副会长 Vice President，秘书长 Secretary General，副秘书长 Deputy Secretary General）

中国佛学院 The Buddhist Academy of China

和平祈祷法会 Buddhist Praying Ceremony for World Peace

汉传佛教 Chinese Language Buddhism

藏传佛教 Tibetan Language Buddhism

2. 佛教寺院的英语翻译

佛教寺院 Monastery/Buddhist Temple

山门 The Front Gate

大雄宝殿 The Main Shrine Hall

圆通殿 The Hall of Universal Understanding

观音殿 The Hall of Avalokitesvara Buddhisatva

祖师殿 The Hall of Patriarch

藏经阁 The Tripitaka Sutra Pavilion

罗汉堂 The Hall of Arhan

四大天王 Four deva-kings, the protectors of Buddhism

韦驮 Vitasoka/Vigatasoka, the protector of Buddhism

斋堂 Monastic Dinning Hall

客堂 Monastic Reception

礼佛 pay respect for Buddha

颂经 Sutra Chanting

佛像 Buddha statue

香炉 Incense burner

上香 To offer incense to Buddha

释迦牟尼佛 Shakyamuni Buddha

弥勒佛 Maitreya Buddha（迦叶佛 Kasyapa Buddha，阿弥陀佛 Amitaba Buddha）

菩萨 Buddhisattva

观世音菩萨 Avalokitesvara Buddhisattva

文殊菩萨 Manjusri Buddisattva

僧、尼（比丘、比丘尼） monk、nun /Bhiksu, Bhiksuni

方丈/主持 Abbot

首座 Chief monk

监院/当家 Monastic Manger

侍者 Assistant

四大名山 Four holy mountains of Chinese Buddhism

五台山 Wutai Mountain is the Holy Place of Manjusri Buddhisattva

峨眉山 Ermei Mountain is the Holy Place of Mahasthama Buddhisattva

九华山 Jiuhua Mountain is the holy place of Ksitigarbha Buddhisattva

普陀山 Putuo Mountain is the holy place of Avalokitesvara Buddhisattva

3. 佛学用语翻译

大乘 the Great Vehicle

小乘 the Lesser Vehicle

金刚乘 the Diamond Vehicle

四圣谛 Four Noble Truths（苦 suffering, 集 causes of suffering, 灭 suppression of suffering, 道 path to suppression of suffering）

十二因缘 Twelve Links in the Chain of Causation

因果 Cause and effect

轮回 cycle of rebirths

无我　no-soul

无常　impermanence

众生　sentient beings

饿鬼　hungry ghost

地狱　denizen of hell

成道/成佛　To obtain the Buddhahood

觉悟　To get enlightenment

三皈五戒　The ceremony for lay Buddhists to go to the Buddha for refuge, go to the Dharma for refuge, go to the Sangha for refuge and to follow the five commandments of Buddhism (no killing, no stealing, no sexual misconduct, no lying, no intoxicant)

做功德　To make contribution to

普度众生　To save all living beings from sufferings

善哉　Sadhu (good or excellent)

菩提　bodhi

三　佛教诗词翻译鉴赏

佛教在中国传播对中国古代诗歌产生了很大的影响。佛教在宣传教义中常使用一种与中国古体诗相近的形式（称为偈），它由固定字数的四句组成，种类较多，常以三言、四言、五言、六言及七言一句组成为主，它与汉以前的四言诗和汉以后的五言、六言、七言诗极相近。佛教诗词蕴藏着丰富的佛教思想和智慧，在翻译过程中要注意传递佛教文化信息。

例如：

1. 佛说名句

诸恶莫做，众善奉行，

自净其意，即是佛教。

译文：

To do no evil,
to do only good,
to purify the will,
is the doctrine of all Buddhas.

（佚名 译）

译文中用 evil、good、purify 等词语表达佛教中的恶、善、净，比较贴切，反映出了佛教劝诫人们弃恶从善的人生思想——佛教育人们所有的恶事都不要去做，要尽力多行善事。

2. 菩提树 bodhi tree

（一）

神 秀

身是菩提树，心如明镜台，
时时勤拂拭，勿使惹尘埃。

译文一：

Our body be a bodhi tree,
Our mind be a mirror bright,
Clean and polish frequently,
Let no dust alight.

译文二：

Body is a bodhi tree,
the heart like a mirror sets,
always wipe off ground,
without rendering the dust alight

（二）

慧　能

菩提本无树，明镜亦非台，
本来无一物，何处惹尘埃？

译文一：

There is no bodhi tree,
Nor stand of a mirror bright,
Since all is void,
Where can the dust alight?

译文二：

There is no Bodhi tree,
nor stand mirror;
had no one,
where can the dust alight

（佚名　译）

“菩提”一词为古印度语（即梵文）Bodhi 的音译，意思是觉悟、智慧，用以指人忽如睡醒，豁然开悟，突入彻悟途径，顿悟真理，达到超凡脱俗的境界等。在英语里，“菩提树”一词为 peepul、Bo-Tree 或 Large-Tree 等，均有宽宏大量、大慈大悲、明辨善恶、觉悟真理之意。而在植物分类学中，菩提树的拉丁学名为 Ficus religosa，有神圣宗教之意。

唐朝初年，高僧神秀大师（606—706）与师兄慧能（638—713）大师对话，写下上引诗（一）。意思说：身是觉悟的根本（菩提是觉悟的意思，以前释迦牟尼在毕钵罗树下觉悟成佛，后世便将此树称为菩提树），心像明镜一样，能照万物。物象来时，镜不增加，物象去时，镜不减少。这里的“身”和“心”，实是互文，意思相同，只是为了符合诗歌的句法而作的安排。慧能（后来称禅宗六祖）对写了上引诗（二）。流传甚广，所以后世许多人都认为世界上根本没有什么菩提树，其实是人们误解了他的本意，菩提树不仅存在，而且又名“思维树”，是一种桑科榕属常绿大乔木。慧能所写的“菩提本无树”这一诗句，是从佛家理论“四大皆空”里作了引申而来的，是一切皆空的最高境界，即菩提树是空的，明镜台也是空的，身与心俱是空的，本来无一物的空，又怎么可能惹尘埃呢?

从以上分析可以看出，“菩提树”是这两首诗的灵魂，喻示佛家思想境界，翻译中对“菩提树”的表达成为译好这两首诗的关键所在。菩提树是一种树，如果翻译成 Bo-tree，Pipal tree，Bo-tree fig，就只是表达了它的植物属性，用 bodhi tree 可以体现出佛教意义，但需要加注释才能完全表达出其佛教内涵。

第四节 《红楼梦》中宗教文化内容翻译比较

《红楼梦》是我国古典小说的高峰，在中国文学史上没有哪一部小说能与它相媲美，在世界文学史上它也占有重要地位。从文化的角度来说，《红楼梦》是一部带有极其深厚的中国文化传统的古典名著，儒教、佛教和道教的思想观念渗透在该书的字里行间，充满了宗教文化的气息。鉴于《红楼梦》在中国及世界文学史上的地位和其深邃的文化内容，该书的翻译备受中外文学界和翻译界的关注。下面我们简略地考察一下书中宗教文化的翻译。

一 《好了歌》翻译比较

凡读过《红楼梦》的人都会对第一回中的《好了歌》有深

刻的印象。大多数读者都能够将它背诵下来。这不仅因为《好了歌》语言朴质无华，自然流畅，富有韵律感，而且因为它是全书的“灵魂”所在。红学界认为,《好了歌》是全书的“纲”。那么，从翻译的角度讲，译好《好了歌》就能够对全书的翻译起到提纲挈领的作用。每一位中外翻译家都认识到这一点，并花费了很大工夫来翻译《好了歌》。下面我们简要比较一下《好了歌》宗教文化内容的翻译。

好 了 歌

跛足道人

世人都晓神仙好，惟有功名忘不了！
古今将相在何方？荒冢一堆草没了。
世人都晓神仙好，只有金银忘不了！
终朝只恨聚无多，及到多时眼闭了。
世人都晓神仙好，只有姣妻忘不了！
君生日日说恩情，君死又随人去了。
世人都晓神仙好，只有儿孙忘不了！
痴心父母古来多，孝顺儿孙谁见了？

从内容上分析，《好了歌》可以分为四意思。第一层意思讲做官，第二层讲发财，第三层说夫妻关系，第四层则是父子关系。概括起来，《好了歌》也可以分为两大部分。前部分讲升官发财，后部分讲亲情关系。《好了歌》的主旨是，所谓功名、金钱、姣妻、儿孙统统是空的，丝毫不值得留恋，只有忘掉这一切，才能进入神仙般的世界。

请比较下面四种不同译文。

译文一：

To train for a saint we know is best,
But love of fame distracts our mind.

Where are honored sages now?
Grass grows on their place of rest.

To train for a saint we know is best,
But love of wealth distracts our minds.
Our eyes on gleaming treasures dote
Till they close in death. Ah bootless zest!

To train for a saint we know is best,
But love of son distracts our minds
Oh, foolish doting! Poor return!
Whoe'er with filial son was blest?

To train for a saint we know is best,
But love of wife distracts our minds,
Eternal love to us she vows,
When we're dead, then others fill her breast.

（E. 赫德森　译）

译文二：

We all envy the immortals because they are free,
But fame and fortune we cannot forget.
Where are the ministers and generals of the past and the
  present? —
Under neglected graves overgrown with weeds.

We all envy the immortals because they are free,
But gold and silver we cannot forget.

All our lives we save and hoard and wish for more,
When suddenly our eyes are forever closed.

We all envy the immortals because they are free,
But our precious wives we cannot forget.
They speak of love and constancy while we live.
But marry again soon enough after we are dead.

We all envy the immortals because they are free,
But our sons and grandsons we cannot forget.
Many they are, of doting parents, from ancient
　times—
But how few of the sons are filial and obedient!

（王际真　译）

译文三：

Men all know that salvation should be won,
But with ambition won't have done, have done.
Where are the famous ones of days gone by?
In grassy graves they lie now, every one.

Men all know that salvation should be won,
But with their riches won't have done, have done.
Each day they grumble they've not made enough,
When they've enough, it's goodnight every one!

Men all know that salvation should be won,
But with their loving wives they won't have done.

The darlings every day protest their love:
But once you're dead, they're off with another one.

Men all know that salvation should be won,
But with their children won't have done, have done.
Yet though of parents fond there is no lack,
Of grateful children saw I ne'er a one.

（戴维·霍克斯　译）

译文四:

All men long to be immortals,
Yet to riches and rank each aspires;
The great ones of old, where are they now?
Their graves are a mass of briars.

All men long to be immortals,
Yet silver and gold they prize.
And grub for money all their lives,
Till death seals up their eyes.

All men long to be immortals,
Yet dote on the wives they've wed,
Who swear to love their husband evermore,
But remarry as soon as he's dead.

All men long to be immortals,
Yet with getting sons won't have done.
Although fond parents are legion,

Who ever saw a really filial son?

（杨宪益　译）

可以看出，这四例译诗都采用了原诗的形式，分为四小节十六行，并讲究押韵，读起来朗朗上口。在内容上，四例译诗都可以说相当忠实于原文，但在宗教意义的翻译上处理有所不同，现比较一下四位译者对第一句“世人都说神仙好”和“好，了，了”的翻译。

我们先看“世人都说神仙好”。

赫德森的译文（以下简称赫译）是：

To train for a saint we know is best

王际真的译文（以下简称王译）是：

We all envy the immortals because they are free

霍克斯的译文（以下简称霍译）是：

Men all know that salvation should be won

杨宪益的译文（以下简称杨译）是：

All men long to be immortals

赫译和霍译采用了转化的手法，将“神仙”分别译成 saint（圣徒）和 salvation（拯救），王译和杨译则将其直译成“immortals”。“神仙”是中国道教的概念，是对所谓超脱尘世、有神通变化、长生不死之人的称谓。道家的最高理想是修炼成“神仙”。而“圣徒”和“拯救”是基督教的概念，成为“圣徒”和从“罪孽”中得到“拯救”则是基督教的最高追求。由此可见，赫译和霍译游离于中国道教文化之外，而王译和杨译则完全再现了中国道教的文化内涵，可谓上乘佳译。

我们再看“好，了，了”的翻译。

所谓“好，了”，跛足道人的解释是：“可知世上万般，好便是了，了便是好。若不了，便不好；若要好，须是了。”从形式上来讲，《好了歌》采用了有规律的排比和重唱的手法。每小节四句，第一、二、四句以“好，了，了”字作结，全诗四个小节反复这一形式。这里作者独具匠心熔寓意和韵律于一炉。对此，翻译家们感到力不从心，很难两全。

赫译是：

best，mind，rest（zest，blest，breast）

王译是：

free，forget，weeds（closed，deed，obedient）

霍译是：

won，done，one

杨译是：

前两小节：immortals，aspires，briars，prize，eyes

后两小节：immortals，wed，dead，done，son

这里四位译者都十分重视韵律的翻译，采取了不同的韵脚，并取得了成功。但对“好，了”文化意义的翻译不能够令人满意。“好”意指超脱尘世，修炼成仙，才是最自由快活的。“了”则指了结终愿。上述四种译文中，王译“free，forget”和霍译“won，done”较贴近原文，体现了“好，了”的蕴含，耐人寻味。美中不足的是，第四句中“了”的翻译不够好。王译 weeds 和霍译 one 没有能够与第二句中“了”的译文 forget 和 done 相连续，如果王译为 free，forget，forget，霍译为 won，done，done，那“好，了，了”的翻译可谓形神兼备。

二　“妙玉判词”中佛教内容的翻译

首先，妙玉何许人也？《红楼梦》第十七回中说得很清楚：“外有一个带发修行的，本是苏州人氏，祖上也是读书仕宦人家。因生了这位姑娘自小多病，买了许多替身儿皆不中用，到这位姑娘亲自入了空门，方才好了，所以带发修行，今年才十八岁，法名妙玉。如今父母俱已亡故，身边只有两嬷嬷，一个小丫头服侍。文墨极通，经文也不用说了，模样儿又极好。”

原来妙玉是一个皈依佛教带发修行的女子。曹雪芹将她置金陵十二钗正册之中，与宝钗、黛玉同属“薄命司”内，是一个悲剧人物。

金陵十二钗图册判词

妙　玉

后面又画一块美玉，落在泥垢之中。其断语云：

欲洁何曾洁，云空未必空。
可怜金玉质，终陷淖泥中。

“欲洁何曾洁，云空未必空。”洁即佛教所说的“净”。佛教宣扬杀生食肉、婚嫁生育等都是不洁净的行为，人心也不是洁净的。所以，现实世界都是污秽的，只有超现实的佛性天国，佛祖居住的地方才是“净土”。“空”，即佛教所说“四大皆空”。佛教让人们忘却现实的痛苦，要人们看破红尘，领悟万境归空的道理，有所谓“色不离空，空不离色；色即是空，空即是色”之说。人们皈依佛教，又叫入空门。判词以“洁”、“空”二字点明妙玉遁入空门，带发修行的身世。可是，妙玉“何曾洁”，又“未必空”。她是被迫遁入空门的宦门小姐，仍有获得爱情的欲望。书中“品茶”、“乞红梅”、“叩芳辰”三个情节表现了她与宝玉的相知和爱慕之情。在“品茶”时，她一个出家的洁净之人，却将自己平时饮茶用的“绿玉斗”给宝玉饮用。在“乞红梅”中，李纨看见栊翠庵的红梅有趣，特意罚宝玉去取一枝，宝玉欣然“冒雪而去”，又欣然擎梅而来。宝玉本是受罚而来，妙玉以为是有意来寻春的消息，不仅给他折了一枝艳美的红梅，而且在宝玉生辰时特意派人送去叩芳辰的帖子。这一连串的相知相慕之情，正揭示了妙玉入空门后并未心如槁木，万境皆空。因此，“何曾洁”、“未必空”均暗示了妙玉身在“佛门”，心在“红尘”，以及后来的结局既未能“空”，也未能“洁”，反而是不空，不洁。

“可怜金质玉，终陷淖泥中。”这里作者感叹妙玉美质如玉而命薄如纸，流露对她不幸遭遇的同情。按《红楼梦》后四十回高鹗的续书所写，强人觉得她“长的实在好看”，又听说她为宝玉“害起相思病来”，故动了邪念，用迷魂香将她闷倒奸污后劫持而去，途中妙玉不从，遂遭杀害。有评论认为，续书对妙玉结局的描写说明她情欲未断，心地不净，因而内虚外乘，先是邪魔缠扰，后遭贼人劫持。这是她自己作孽而受到的报应，结论是出家人应该灭绝人欲，“一念不生，万缘俱空”。当然，妙玉的结局另有说法，这里不论。

总而言之，“妙玉判词”揭示了虽然妙玉皈依佛门，但俗欲未泯。她的结局只能是“终陷淖泥中”。这是佛教“色空”观和“因果报应”论的体现。那么，怎样把“妙玉判词”中的佛教文化观念译成英语呢？这无疑是对译者们的一个挑战。

请比较下面的两种译文。

译文一：

Miaoyu

Chastity is her wish,
Seclusion her desire;
Alas, though fine as gold or jade,
She sinks at last in the mire.

（杨宪益　译）

译文二：

Miaoyu

For all your would-be spotlessness,

And vaunted otherworldliness,
You that look down on common flesh and blood,
Yourself impure, shall end up in the mud.

（霍克斯　译）

这里，为了便于与汉语原文比较，我们不妨将上面的两个英语译文回译成汉语，然后再对英语译文进行评述。

回译文一：

妙　玉

纯洁是她的愿望，
隐居是她的心愿。
哎呀！虽然她美如金或玉，
但最终陷入泥潭中。

回译文二：

妙　玉

虽然你自称纯洁无瑕，
并自夸超越尘世；
但瞧不起普通人的你，
并不纯洁，将在污泥中告终。

现在我们对照一下“妙玉判词”的汉语解释，英语译文和汉语回译文，就会发现霍译确实不错。

译文第一、二句的 spotlessness 和 otherworldliness 与原文中的“洁”和“空”相对应，would-be 和 vaunted 与原文中的“何曾”和“未必”相近。可见，译者对这两句把握得很好，译出了原文的蕴含——妙玉遁入空门，想洁净自守，弃绝红尘，但未能做到。

译文第三句 You that look down on common flesh and blood 反衬出妙玉出身高贵。

译文第四句中译者增加了 yourself impure。这完全符合《红楼梦》中对妙玉的描写。她虽身在佛门，但未断欲念，暗恋宝玉，最后落得“end up in the mud”的悲惨结局。这是她不洁所遭到的报应。因此，增译 yourself impure 起到了画龙点睛的作用，不可多得。

最后，必须说明的是，宗教文化翻译内容丰富，涉及面宽，是一个极其复杂的问题。本章讨论意在引起大家的注意和兴趣，进而更加深入地研究这一课题，提高翻译质量。

第六章

习俗文化与翻译

第一节　从“打招呼”看中西方习俗文化差异

《现代汉语词典》对“习俗”的解释是“习惯和风俗”。据此，习俗文化就是在日常社会生活和人际交往中由民族的风俗习惯形成的文化。不同的民族在打招呼、称谓、道谢、恭维、致歉、告别等方面表现出不同的民族文化规约和习俗。就拿中西方“打招呼”的方式来说，汉语和英语所用的习惯用语存在较大的差别。

“吃了吗”是中国人见面时相互问候的客套话。据说，一位青年导游带了一个外国旅游团到农村去参观访问。在一个农民家中，一位老大爷见到外宾的第一句话是：“你吃了没有?”导游一下子愣住了，不知怎么译才算好。如果将其译成“Have you eaten or not?”外国游客一定会感到茫然。根据初次见面的场景，“How do you do?”应是最佳选择。

在这个例子中，“你吃了吗?”和“How do you do?”反映出中国人和英语国家人打招呼方式的不同。在中国，人们见面打招呼常用的几句话是：“你去哪儿?”“你要干什么?”“你吃过饭了吗?”这几句话在中国文化中没有什么具体的含义，只是一种礼节性的打招呼的方式。然而，这几句话在西方文化中有着不同的意义。“你去哪儿?”（Where are you going?）和“你要干什么?”（What are you going to do?）对英美人来说纯属个人的私事。这样打招呼有打听和干涉别人私事之嫌。“你吃了吗?”往往会引起对方的误会，以为你想请他（她）吃饭。因此，汉语中的这些问候语不能直译，应视具体情况做相应的文化信息转换，改用英语日常问候语“Hello!”“How are you?”“Good morning（afternoon, evening)!”等。

通过这个简单的例子，我们可以看出，习俗文化差异造成了翻译中的困难。像上面这种例子，不论在口译还是笔译中都是屡见不鲜的。翻译时，译者应通过语言层面进行文化信息转换，这样才能消除文化差异在翻译中所造成的困难，达到交流思想的目的。

第二节　中西方亲属称谓对比与翻译

称谓是习俗文化一个重要的组成部分。称谓词反映人与人之间的社会关系，包括亲属称谓词和社会称谓词两大部分。不同的文化传统有不同的称谓系统。就亲属称谓而言，不同语言里对一个概念所指和使用范围也不尽相同。如果没有特定的语言环境，一些看起来很简单的亲属称谓却无法理解和翻译。汉语里的姐姐和妹妹，哥哥和弟弟分得很清楚，而英语 sister 和 brother 则不分长幼。英语中 Tom's brother saved Jane's sister 这句话很难译成汉语，因为不知道 brother 是指 Tom 的哥哥还是弟弟，sister 是指 Jane 的姐姐还是妹妹。

再如：

Being commanded by her <u>sister</u> to get “the Dictionary” from the cupboard, Miss Jemina had extracted two copies of the book from the receptacle in question.

译文：

做姐姐的命令吉玛小姐到柜子里取词典，她却从里面抽出了两本。

原文的 sister 究竟是姐姐还是妹妹不很清楚，译者根据上下文将其译成“姐姐”。

同样，汉译英也存在这个问题。Peter Farb 在“How to Talk About the World”一文中举例如下：

Or imagine the difficulty of translating into English a Chinese story in which a character identified as a piaomei appears. The obligatory categories to which this word belongs require that it tell whether it refers to a male or a female, whether the character is older or younger than the speaker, and whether the character belongs to the family of the speaker's father or mother. Piaomei therefore can be translated into English only by the unwieldy statement "a female cousin on my mother's side and younger than myself." Of course, the translator might simply establish these facts about the character the first time she appears and thereafter render the word as "cousin," but that would ignore the significance in Chinese culture of the repetition of these obligatory categories.

这里讨论了把汉语“表妹”译成英语 cousin 的问题。Peter Farb 认为这种对译的方法失去了中国习俗文化的特色。英语 cousin 不分父系、母系，不分性别、年龄，包括了堂哥、堂弟、堂姐、堂妹、表哥、表弟、表姐、表妹一系列汉语称谓。因此，汉译英时作必要的英语解释才能表达出汉语称谓的文化内涵。

一　英汉亲属称谓系统比较

从上面两个译例可以看出，英语亲属称谓简单、笼统，而汉语亲属称谓详细、具体。英语亲属称谓和汉语亲属称谓分属两个不同的系统——类分式（Classificatory）和叙述式（Descriptive）。

英语亲属称谓归于类分式。这种亲属称谓的制度的特点是，以辈分来分类家庭成员，所承认的血缘具有五种基本形式，即父母、子女、祖父母、孙儿孙女、兄弟姐妹。在这五种等级中，第一等级包括我自己，我的兄弟姊妹及种种从表兄弟姊妹之属；第二等级包括我的父母以及他们的兄弟姊妹和种种从表兄弟姊妹之属；第三等级包括我的祖父母以及他们的兄弟姊妹和种种从表兄弟姊妹之属；第四等级包括我的儿女以及他们的种种从表兄弟姊妹之属。根据这五种等级，父母、子女、祖父母、孙儿孙女，兄弟姐妹有具体的称谓，其他亲属没有更精确的称谓。例如，父母这个等级中，父称 father，母称 mother。父母的兄弟和种种从表兄弟一律称 uncle。这一称谓包括了汉语亲属称谓中的伯父、叔父、姑父，也包括母亲的兄弟及她姐妹的丈夫。由此可见，英语亲属称谓系统不标明亲属是父系还是母系，直系还是旁系，也不区分亲族的排列顺序，它只是以辈分作为区分亲缘关系的标记。

与此不同，我国汉族采取的亲属称谓制度是叙述式。这种亲属称谓制度的结构系统是以几千年来亲族民俗继承的“九族五服制”① 为基础，既包括由血缘发展起来的血亲及其配偶系统，也包括由婚姻关系发展起来的姻亲及其配偶系统。于是，我国汉族的亲属称谓就十分详细，错综复杂。其特点是，不仅严格区分了父系亲族和母系亲族，直系亲族和旁系亲族，更标明了尊卑辈分和长幼顺序。对此，游汝杰先生在《中国文化语言学引论》

① 九族五服制：九族以本人为基准，垂直向上推直系长辈四代，向下推直系晚辈四代，及其由直系血亲发展起来的旁系血亲。五服是旧时丧服制度的五个等级。按亲属中辈分的亲疏远近，分斩衰、齐衰、大功、小功、缌麻五种名称。凡同族中的近亲，统称五服的亲属。五服之外，就不再视为亲属。

（高等教育出版社 1993 年版）一书中进行了较为具体的区分：

第一，行辈之别。

亲属称谓是分辈分的，辈分不同，称谓也不同。据冯汉骥的研究，中国现代的祖、孙、子、父、母、女、兄、弟、姐、妹、伯、叔、侄、甥、姑、舅、姨、岳、婿、夫、妻、嫂、媳 23 个核心称谓，都分辈分的。行辈之别还反映在长辈可以直呼晚辈名字，反之则不允许。

第二，同辈长幼之别。

同辈亲属长幼不同则称谓有别。古代妻称夫之兄为“兄公”或“公”、“兄伯”或“伯”，称夫弟为“叔”，称夫姊为“女公”，称夫妹为“女叔”。现代称父之兄为“伯”，父之弟为“叔”。哥哥和弟弟、姐姐和妹妹、兄嫂和弟媳皆有分别。英语的亲属称谓中，同辈是不分长幼的，brother、sister、uncle、aunt 皆不分长幼。同辈长幼之别还表现在年长者可以直呼年幼者的名字，反之则不允许。

第三，父系母系之别。

同辈亲属因父系母系不同，亲属称谓也有严格区别，如：侄——甥;姑——姨；伯（或）叔——舅；父——岳父（丈人）；母——岳母（丈母娘）；堂兄——表兄。英语的亲属称谓不分血亲和姻亲，如 nephew、aunt、uncle、cousin 皆不分父系或母系亲属。

第四，血亲姻亲之别。

姻亲是指因婚姻而结成的亲戚。同辈亲戚因血、姻亲不同，称谓也不同，如现代称谓：哥哥——姐夫，叔叔——姑父，弟弟——小舅子，姐姐——嫂嫂。

第五，直系旁系之别。

同辈亲属因直系旁系不同，称谓也不同，例如：父——叔叔，母——姨，子——侄、甥，女——侄女、甥女。但是“姐妹”和“表姐妹”，“兄弟”和“表兄弟”，其核心词“姐妹”和“兄弟”却是一样的，这是古制的遗留，古制不重直系旁系之分，父之兄弟称为从父，母之姊妹称为从母，从父又有伯父、叔父之称。核心词仍是“父”和“母”。

汉族亲属称谓详见本章附录《汉族亲属称谓一览表》。

二　亲属称谓英汉对照

（一）祖父母辈

<table>
<tr><th colspan="2">汉语称谓</th><th colspan="2">英语称谓</th><th colspan="2">英语注释</th></tr>
<tr><td>父系</td><td>祖父（母）</td><td colspan="2" rowspan="2">grandfather①
grandmother</td><td colspan="2">paternal grandfather (mother)</td></tr>
<tr><td>母系</td><td>外祖父（母）</td><td colspan="2">Maternal grandfather (mother)</td></tr>
<tr><td rowspan="3">父系</td><td>伯祖父（母）</td><td rowspan="5">granduncle
grandaunt</td><td rowspan="3">paternal
granduncle
(aunt)</td><td rowspan="2">grandfather's
brother</td><td>older brother</td></tr>
<tr><td>叔祖父（母）</td><td>younger brother</td></tr>
<tr><td>姑公（婆）</td><td colspan="2">grandfather's sister
husband of grandfather's sister</td></tr>
<tr><td rowspan="2">母系</td><td>舅公（婆）</td><td rowspan="2">maternal
granduncle
(aunt)</td><td colspan="2">grandmother's brother
wife of grandmother's brother</td></tr>
<tr><td>姨公（婆）</td><td colspan="2">grandmother's sister
husband of grandmother's sister</td></tr>
</table>

例如：

黛玉方进入房时，只见两个人搀着一位鬓发如银的老母迎上来，黛玉便知是她外祖母。

（《红楼梦》第三回）

---

① 许多西方人不喜欢别人用 grand-或 great-之类来强调自己上了年纪。因此，在用表示亲属关系的词称呼长辈时，习惯降一辈来称呼，granduncle 或称 uncle，如 Granduncle White 或称为 Uncle White。

译文：

As Tai-yu entered, a silver-haired old lady supported by two maids advanced to her. She know that this must be her grandmother.

（杨宪益　译）

“外祖母”是“母亲的母亲”，译成英语是 grandmother，不分父系还是母系。

（二）父母辈

<table>
<tr><th colspan="2">汉语称谓</th><th>英语称谓</th><th colspan="3">英语注释</th></tr>
<tr><td colspan="2">父亲</td><td>father</td><td colspan="3" rowspan="2"></td></tr>
<tr><td colspan="2">母亲</td><td>mother</td></tr>
<tr><td rowspan="3">父系</td><td>伯父（母）</td><td rowspan="5">uncle
aunt</td><td rowspan="3">paternal uncle (aunt)</td><td rowspan="2">father's brother</td><td>older brother</td></tr>
<tr><td>叔父（母）</td><td>younger brother</td></tr>
<tr><td>姑母（父）</td><td colspan="2">father's sister and her husband</td></tr>
<tr><td rowspan="2">母系</td><td>舅父母</td><td rowspan="2">maternal uncle (aunt)</td><td colspan="2">mother's bother
wife of mother's brother</td></tr>
<tr><td>姨父母</td><td colspan="2">mother's sister
husband of mother's sister</td></tr>
<tr><td rowspan="4">夫妻</td><td>岳父</td><td rowspan="2">father-in-law</td><td colspan="3">wife's father</td></tr>
<tr><td>公公</td><td colspan="3">husband's father</td></tr>
<tr><td>岳母</td><td rowspan="2">mother-in-law</td><td colspan="3">wife's mother</td></tr>
<tr><td>婆婆</td><td colspan="3">husband's mother</td></tr>
</table>

例如：

当下贾母一一指与黛玉：“这是你大舅母；这是你二舅母……”

（《红楼梦》第三回）

译文：

"This," she said, "is your elder uncle's wife. This is your second uncle's wife ... "

（杨宪益 译）

译文没有直接用英语称 aunt，而转述成"你大（二）舅的妻子"，指称关系很清楚。

（三）兄弟辈

汉语称谓	英语称谓	英语注释
兄	brother	elder brother
弟		younger brother
姐	sister	elder sister
妹		younger sister
姐夫	brother-in-law	husband of one's elder sister
妹夫		husband of one's younger sister
内兄（妻兄）		wife's elder brother
内弟（妻弟）		wife's younger brother
姨子	sister-in-law	wife's sister
嫂子		wife of one's elder brother
弟媳		wife of one's younger brother
堂兄	cousin	elder son of one's father's brother
堂弟		younger son of one's father's brother
堂姐		elder daughter of one's father's brother
堂妹		younger daughter of one's father's brother
表兄		elder son of one's father's sister or mother's brother
表弟		younger son of one's father's sister or mother's brother
表姐		elder daughter of one's father's sister or mother's brother
表妹		younger daughter of one's father's sister or mother's brother

例如：

黛玉虽不识，也曾听见母亲说过，大舅贾赦之子贾琏，娶的就是二舅母王氏之内侄女，自幼假充男儿教养的，学名王熙凤。黛玉忙陪笑见礼，以“嫂”呼之。

（《红楼梦》第三回）

Though Tai-yu had never met her, she knew from her mother that Chia Lien, the son of her first uncle Chia Sheh, had married the niece of the Lady Wang, her second uncle's wife. She had been educated like a boy and given the school-room name Hsi-feng. Tai-yu lost no time in greeting her with a smile as "cousin".

（杨宪益　译）

王熙凤是黛玉表兄贾琏之妻（the wife of her elder cousin），与黛玉同辈并属表亲关系。“表嫂”译文用“cousin”清楚表达了王熙凤与黛玉的亲属关系。

（四）子女辈

汉语称谓	英语称谓	英语注释
儿子	son	
儿媳	daughter-in-law	son's wife
女儿	daughter	
女婿	son-in-law	daughter's husband
侄子	nephew	brother's son
外甥		sister's son
侄女	niece	brother's daughter
甥女		sister's daughter

例如：

一日到了都中，进入神京，雨村先整了衣冠，带了小童，拿着宗侄的名帖，至荣府的门前投了。彼时贾政已看了妹丈之书，即忙请入相会。

（《红楼梦》第三回）

译文：

In due course they reached the capital and entered the city. Yutsun spruced himself up and went with his paces to the gate of Jung Mansion, where he handed in his visiting-card on which he had styled himself Chia Cheng's "nephew".

（杨宪益　译）

贾雨村为了达到飞黄腾达的目的，高攀贾家，与贾政认了“同宗”，为贾政的“侄子”，但实际上他们之间并没有这层亲属关系，译文把 nephew 放在引号中表达了贾雨村与贾政之间的虚假关系。

（五）孙子女辈

<table>
<tr><th>汉语称谓</th><th>英语称谓</th><th>英语注释</th></tr>
<tr><td>孙儿</td><td rowspan="4">grandson
granddaughter</td><td></td></tr>
<tr><td>孙女</td><td></td></tr>
<tr><td>外孙</td><td>daughter's son</td></tr>
<tr><td>外孙女</td><td>daughter's daughter</td></tr>
<tr><td>（外）孙婿</td><td>grandson-in-law</td><td>granddaughter's husband</td></tr>
<tr><td>（外）孙媳</td><td>granddaughter-in-law</td><td>grandson's wife</td></tr>
<tr><td>侄孙</td><td rowspan="2">grandnephew</td><td rowspan="2">son of nephew and niece</td></tr>
<tr><td>甥孙</td></tr>
<tr><td>侄孙女</td><td rowspan="2">grandniece</td><td rowspan="2">daughter of nephew and niece</td></tr>
<tr><td>甥孙女</td></tr>
</table>

例如《红楼梦》第三回的题目为：

托内兄如海荐西宾，接外孙贾母惜孤女

译文：

Lin Ju-hai Recommends a Tutor to His Brother-in-law

The Lady Dowager Sends for Her Motherless Grand-Daughter

（杨宪益 译）

林黛玉是贾母女儿的女儿（daughter's daughter）。英语中“孙女”与“外孙女”同为一词 granddaughter，不分直系和旁系。

第三节 中西方社会称呼方式的文化差异

社会称呼是一定社会礼制的重要表现，它受社会制度与伦理习俗的制约与规定。中国历史上是一个封建宗法制社会，是礼仪之邦，而西方则是个自由民主制和基督教神学发达的社会。这两种不同的社会制度和伦理体系造就了各自不同的社会称呼和表达方式。同亲属称呼相类似，中国的社会称呼繁杂，等级性强；西方的社会称呼比较简单，等级性较弱。虽然现在中国的社会制度发生了变化，但社会称呼中仍有旧习惯的遗痕，仍与西方的社会称呼之间存在有较大差异。

一 拟亲属称呼

我国在称呼方面有一种历代承传、相沿已久的习俗，即彼此之间没有亲属关系的人，广泛使用表示亲属关系的称谓来互相称呼或自称。这种称呼法具有模拟的性质，这种改变了原来用法的称呼可称为拟亲属称呼。

从社会心理学角度分析，使用拟亲属称呼是一种“趋近”心理，能够使交往双方缩小心理间隔，密切相互关系，被称呼者感受到尊重、喜爱和礼遇。下面简略介绍一下拟亲属称呼的方式及翻译。

(一) 拟长辈称呼

亲属关系中父母是最亲近的。所以，人们通常把与自己父母年龄相近的长辈称呼“大伯、大妈（大娘、伯母）”和“大叔、大婶”。小孩称父辈男子为“伯伯”或“叔叔”，大多数情况称“叔叔”，把父辈女子包括保育员、保姆等称为“阿姨”。在这些称呼中，核心词是亲属称谓词：伯、叔、妈、娘、母、婶、姨。这里翻译的困难是显然易见的，如“王大叔”译成“Uncle Wang”，英美人很难区分说话人与王之间的关系，因为在西方文化中，非亲属关系之间一般称姓名，或先生、夫人（女士）。可见，“王大叔”应按西方称呼习惯译为 Mr. Wang。其他拟亲属称谓照此类推。

(二) 拟同辈兄弟姐妹相称

亲属中以同胞手足、兄弟姐妹之交显得最为亲密，故非亲非故的人们之间发展相互关系，增进友谊，自然会借用兄弟姐妹这种亲属关系。通常情况下，对同辈成年男子可分别称“大哥、老兄”和“兄弟、老弟”，现不论长幼流行统称“大哥、老兄”。对于同辈成年女子可分别称“姐姐、大嫂”和“妹妹、小妹”。另外，“哥儿们”和“姐儿们”是近几年来在城市男女青年群体开始流行的一种新的拟亲属称呼。这些青年人兴趣爱好相投，关系密切，如李蕾和王芳在大学同窗四年，结下深厚友谊，互称“姐儿们”。在一次联谊会上，她们俩遇到一位外籍教师。李蕾向外教介绍王芳时说成“She is my sister”。这可把外教给弄糊涂了，经询问才了解她们之间的关系。经外教指点她们认识到她们之间用亲属称谓 sister 不妥。按照西方称呼习惯，同辈、同学、同事朋友之间互称姓名，或表明同学、朋友关系。因此，这句介绍的话可译为：This is Wang Fang，my classmate. 或：This is Wang Fang，my close friend.

二　敬称和谦称

在社会交往中，人们喜欢用恭敬口吻称呼人和事，用谦恭口吻称呼自己和与自己有关的事物。这两种称呼，前者为敬称，后者为谦称。在中国，封建君主专制长达数千年，儒家尊卑有序的礼制，在人际交往中一直占主导地位。于是便形成了一种习俗，用敬称故意抬高对方，以表示尊敬；用谦称有意贬低自己，表现出一种甘居人下的谦恭精神。

敬称和谦称常见于各种典籍中，现代仍有使用，主要有下列几种：

（一）敬称对方亲属和谦称自己亲属

1. 敬称对方父亲：尊公，尊君，尊侯，尊大人，令尊，令翁

谦称自己父亲：家父

译成英语为：your father，my father

2. 敬称对方母亲：尊堂，尊上，尊夫人①；令母，令堂，令慈

谦称自己母亲：家母

译成英语为：your mother，my mother

3. 敬称对方妻子：令妻，令正，贤阁，贤内助，夫人，太太

谦称自己妻子：贱内，内人；爱人②，妻子

---

① 尊夫人现通常指对方夫人（your wife）。

② 爱人译成英语成了“情人”（sweet heart，lover），而“情人”总给人一种性爱的联想，因此，海外说汉语的人大都拒绝这一称谓。

译成英语为：your wife，my wife

4. 敬称对方兄弟姐妹：尊兄，尊姐；令兄，令弟，令妹

谦称自己兄弟姐妹：家兄

译成英语为：your brother（sister），my elder brother

5. 敬称对方儿子，女儿：令子，令郎，令嗣；令爱，令嫒

译成英语为：your son，your daughter

6. 敬称对方孙子，孙女：令孙（女）

译成英语为：your grandson，your granddaughter

7. 贤——主要用于同辈或晚辈（叔父母以外）堂、表兄妹：贤弟，贤兄，贤姐，贤妹，贤从

（对方从兄弟）

译成英语为：cousin

8. 长对幼称呼：贤弟，贤侄，贤婿等

译成英语分别为：younger brother，nephew，son-in-law

9. 贵——主要用做称呼与对方有关的事物

贵姓——May I ask your name?

贵国（政府）——your country（government）

贵校——your school（谦称鄙校 my school）

（二）以对方职务身份敬称

古代时常以官位敬称人：

1. 皇帝：天子，人君，人主，君王，官家，大家等

译成英语为：emperor

2. 宰相：君侯，丞相，相公，中堂

译成英语为：prime minister

3. 将帅：主帅，主将，大将军

译成英语为：commander-in-chief

现代社会中也常用领导职务称呼某人，如赵校长（President

Zhao)，王处长（Section Chief Wang)，程省长（Governor Cheng)，钟大使（Ambassador Zhong)，夏主任（Director Xia）等。特别在一些小圈子里，职务称呼十分盛行。据报载，某单位贴出了这样的通知：今天下午 3 点在大会议室由李书记传达中央××同志的讲话。这里中央领导可称呼同志，本单位领导则以职务相称。另外，在称呼问题上，人们还有一种“称副为正”的社会心态，对方是“李副秘书长”，就不如称他“李秘书长”。对方是“张副校长”，就不如称他“张校长”。然而英美人无此习惯，“李秘书长”，“张校长”是敬称，抹掉的“副”字在翻译中不能漏掉，即 Vice Secretary-general Li，Vice President Zhang。

对于社会上一些有地位的人，常以其职称相称，以示敬意，通常姓氏 + 职称，如白大夫（Doctor Bai)，马教授（Professor Ma)，王法官（Judge Wang)，任律师（Lawyer Ren)，王博士（Dr. Wang)，成师傅（Master Cheng)，冯小姐（Miss Feng)，刘太太（Mrs. Liu 或 Madam Liu）等。

（三）其他敬称和谦称

1. 对方著述和书信的敬称：大作，大著，大稿，大札，佳音
   译成英语为：your book（novel，writing，letter)
2. 自己著述的谦称：拙著，拙文，拙译
   译成英语为：my book（writing，translation)
3. 对方住所的敬称：尊府，府上
   译成英语为：your house（room)
4. 自己住所的谦称：寒舍，舍下
   译成英语为：my house（room)
5. 对对方见解的敬称：高见
   译成英语为：your opinion
6. 对自己见解的谦称：愚见，管见，鄙见

译成英语为：my opinion

在与他人交往中，人们往往以自称姓名为谦，或以不德或晚辈自谦，常用的词语有：敝、贱、不才、鄙人、愚、下愚，晚生、后学等，译成英语一律用I。

例如：

“下愚当时也曾与他往来数次，再不想此人竟有如是之决绝。”

（《红楼梦》第一百二十回）

译文：

I met him several times, but never dreamed he would take such a decision.

（杨宪益 译）

三 英语称呼的尊称

与汉语称呼中繁杂的敬称相比，英语称呼中尊（敬）称的方式比较简单，主要有下列几种。

（一）对王公贵族的尊称

1. 国王：Your Majesty（对称），His or Her Majesty（叙称）

   译成汉语为：陛下

2. 王后：Madam

   译成汉语为：殿下称母亲，国王称御妻，大臣称娘娘

3. 王子，公主：Your Highness（对称），His or Her Highness（叙称）

   译成汉语为：殿下

4. 阁下、侯、伯、子、男爵等贵族或高级官员：the lords

   译成汉语为：阁下

（二）对男子的尊称

1. sir + 姓名或职务，汉语为：先生。例如：Sir Smith（史密

斯先生)，Sir Judge（法官先生)。

英美人通常对不相识男子、上级、长辈或对从事某一职务者的尊称。

2. sir（爵士）用在姓名或名字前面，但不可用在姓前，如 Sir John White 约翰·怀特爵士（也可称 Sir J. White，Sir John)。

（三）以社会职务为尊称

1. Doctor + 姓名，汉语为：医生，大夫。例如：Doctor Jim 吉姆大夫。

2. Professor + 姓名，汉语为：某教授。例如：Professor Strong 斯特朗教授（略作 Prof. Strong)。

3. Governor + 姓名，汉语为：地方长官（如省长)，（英美殖民地）总督。例如：Governor Tone 托恩总督。

（四）对教会神职人员的尊称

1. Father + 姓，汉语为：某神父，某教士。

2. Sister + 教名，汉语为：某某修女。

3. 大主教及主教称阁下（The lord)。

（五）对平级关系的尊称

1. 男性：Mister + 姓，汉语为：某先生。

2. 女性：

Mrs + 姓，汉语为：某夫人。

Lady + 姓，汉语为：女士。

Miss + 姓，汉语为：小姐。

根据婚姻状况，对已婚女子统称夫人，未婚女子统称小姐。婚姻状况不详者可称小姐。

最后应该指出的是，习俗文化涉及面广，内容庞杂，本章仅就中西方称谓方式的差异进行了简要的分析对比，供参考。

附　录

汉族亲属称谓语一览表

一　父系

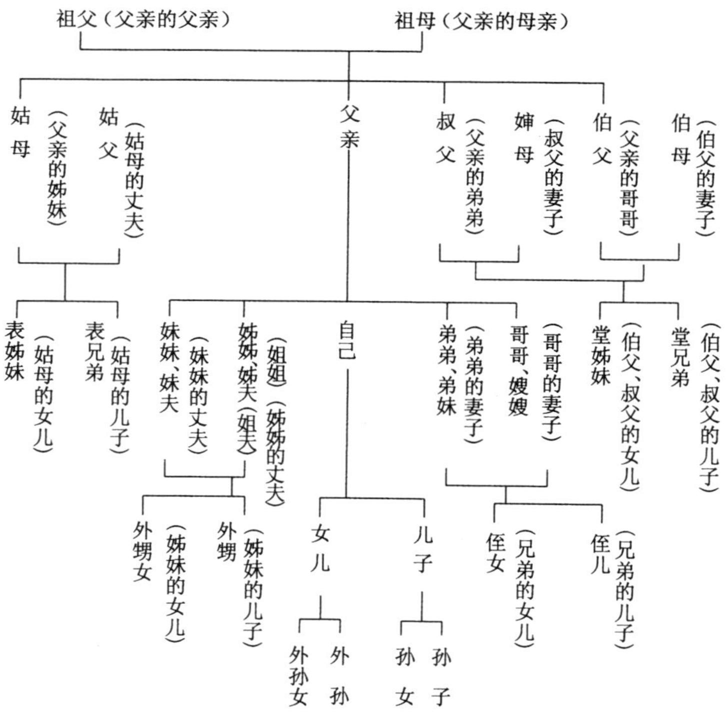

二　母系

外祖父
（母亲的父亲）
外祖母
（母亲的母亲）
舅父
（母亲的兄弟）
舅母
（舅父的妻子）
母亲
姨夫
（姨母的丈夫）
姨母
（母亲的姊妹）
表兄、表弟
（舅父、姨母的儿子）
表姊、表妹
（舅父、姨母的女儿）

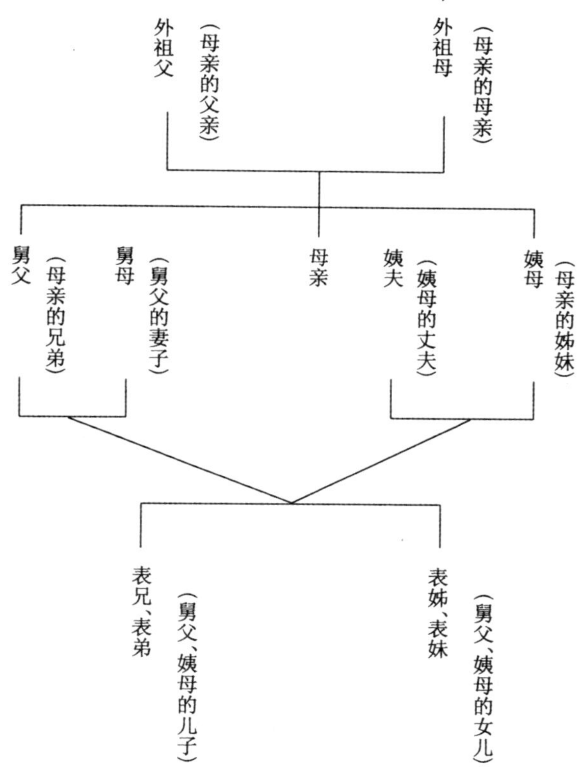

三 夫妻系

（甲）夫系：

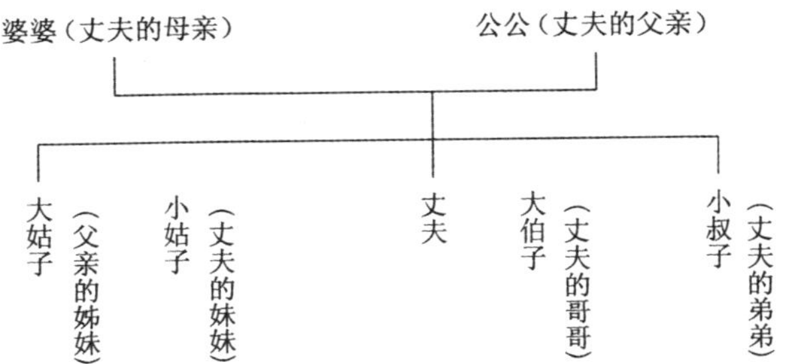

（乙）妻系：

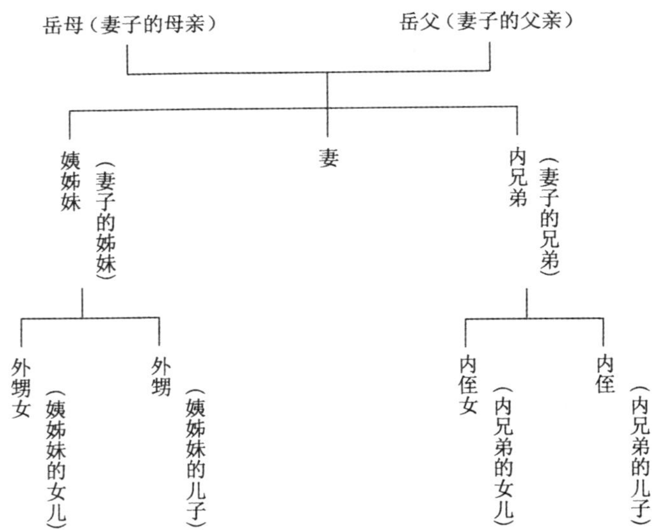

注：

①姨姊妹，口语称大姨子、小姨子。

②内兄弟，口语称大舅子、小舅子。

③岳父称丈人。岳母又称丈母娘。

第七章

人名、地名文化与翻译

人名、地名在语言学上统称为专名，即专有名称，指某一事物（人、地方、机关、团体等）特有的名称，如“鲁迅”、“孙中山”、“西安”、“海南”等。研究这些专有名称的意义、来源、结构和变化的学科称专名学（terminology）。

然而，从学科领域上来讲，专名学（主要包括人名学和地名学）是一门边缘性学科。它不仅是语言学的一个分支，同时具有多学科性，涉及历史学、地理学、社会学、心理学、民俗学等学科。可见，专名（人名、地名）承载着十分丰富的文化内涵。进一步讲，由于各民族历史演变和文化传统不同，人名、地名的起源、含义、构成以及习惯用法都存在很大差异。下面我们讨论中西方人名、地名的文化差异与翻译。

第一节　中西方人名与文化

姓名是每个社会成员都有的特定指称。作为一种符号，它代表个人及其家族，具有识别社会成员的作用。不论在中国还是在西方国家，姓名的形成、发展、演变经过了一个漫长的历史过程，构成了人类文化的一项重要内容。

一 中西方人名文化差异

有名有姓是中西方人名的共有特征，但在姓名结构顺序上，却正好相反。我国汉族人名的排列顺序是：**姓前名后**，如白居易，王安石，雷锋等。朝鲜、越南、泰国、日本等东方国家的人名排列顺序也都是这种姓前名后结构。而西方印欧语系的大多数国家和民族人名的排序原则是：**名前姓后**，如 Karl Marx（卡尔·马克思），Karl 是名，Marx 是姓；Lewis Henry Morgan（刘易斯·亨利·摩根），Lewis 是名，Henry 是中间名，Morgan 是姓。经研究，造成中西方姓名结构顺序差异的原因有两个方面：

首先，从姓名的历史形成来看，中西方人的姓与名产生的时间先后不同。在中国，姓氏的功能是用以续血统，别婚姻。“姓”字从女，可见姓制度产生于母系氏族社会。姓制度在上古以女子为中心，即子女从母姓，现在我们见到的许多古姓，如姬、姜、妊、姒、姚、妫[①]等都从女字旁。这充分说明了我们的祖先为了“续血统，别婚姻”，早在母系氏族时代就有了姓的使用。然而，中国人的“名”产生较晚，夏、商才开始使用，如甲骨文和金文中所记太丁、阳甲、盘庚、帝乙等皆是。因此，中国人姓名的演变经过先有姓，后有名的历史过程，反映到姓名的排列顺序上便形成了“姓前名后”的结构。在西方，名的产生比姓早得多。英、法、德、意、葡、西、俄以及其他欧洲大多数国家在很长的历史时期只有名而无姓。姓到中世纪后期才开始出现。英国人大多在 11 世纪开始在贵族中使用姓，全国普遍使用姓是在文艺复兴时期以后。法国人和德国人使用姓是从 13 世纪后开始的。俄罗斯人的姓在 16 世纪才出现。西方这种“名早姓

① 姒（sì）；妫（guī）。

晚”的特点反映到姓名的排列顺序上便是“名前姓后”。

其次，中西方人的价值观念不同。中国古代是一个宗法社会，中国先民形成了很强的宗族观念。中国人认为姓代表宗族和血缘关系，而名则代表个人。在中国传统观念中，宗族的延续可以说高于一切。所以，代表宗族的姓比一个人的名字重要得多。姓在前、名在后正是这种重群体，轻个体传统文化在姓名排序上的体现。然而，西方人相反。他们没有中国人那种重群体的文化心理。他们崇尚个性，强调个人独立，个性受到重视。这样，代表个人的名理应在先，而代表群体的姓就自然置于其后。

二　中西方姓氏的来源

到目前为止，中国和西方国家使用的姓有多少，都没有精确的统计数字。据近年出版的《中国姓氏记编》其收集姓氏 5730 个，其中单姓 3470 个，双字复姓 2085 个，三字复姓 163 个，四字复姓 9 个，五字复姓 3 个。台湾出版的《中华姓符》收集姓氏 6363 个。然而，与西方姓氏的数量相比，中国姓氏的数量是小巫见大巫。据不完全统计，法国有 25 万个姓氏。英美国家大约有 35000 个姓氏。必须指出，造成西方姓氏比中国姓氏多的原因是多方面的，这里不予详述。下面我们通过对中西姓氏的来源的比较来看不同民族在“姓”上的文化差异。

（一）中国姓氏的主要来源

1. 以居地为姓

中国姓氏源于地名的很多，大多以所生或所居的自然环境或地域名为姓。王符《潜夫论·志氏姓》称此作“氏以居”，如“东门、西门、南郭、北郭，所谓居也”。春秋时期鲁庄公之子公子遂，字襄仲，住在东门，号称东门襄仲，后代便有以东门为姓。再如，劳姓因为居住在东海劳山（今山东省青岛市附近的崂山）而得此名。

2. 以故国名为姓

夏、商、周三代都是封侯赐地的宗法制，大大小小的诸侯国遍布九州，这些国名便成为这些诸侯后代的姓。比如夏、商时代国名为姓的有崇、程、扈、房、杜、雷、廖、习、顾、阮、彭、韦等。周代的诸侯国众多，如秦、齐、鲁、晋、宋、郑、吴、越、楚、卫、韩、赵、燕、陈、胡、邓、江等皆成为今天的常见姓。

3. 以祖先的字或名为姓

林姓，周平王的庶子字林开，其后姓林。皇甫复姓，宋戴公之子公充石，字皇父，其孙以祖父字为姓，汉代时改皇父为皇甫。

4. 以官职为姓

夏、商、周三代均设官职，为官者的后代便以祖先的官职名称为姓，如司马、司徒、司空、太史等复姓。再如钱姓，颛顼的五世孙彭祖的后裔有个叫孚周的，官职为钱府上士，大概相当于现在中央银行行长，孚周的后人便姓钱。粟姓，汉代官职有治粟都尉，相当于粮食部部长，后代便姓粟。

5. 以职业为姓

子承父业是中国古代职业技艺相传的主要途径。后代往往以世代相传的某种职业、技艺为姓，如卜、陶、匠、甄（制瓦器）；屠、屠羊（杀牛宰羊）；鸟浴（养鸟兽）。

6. 帝王赐姓

历代封建帝王出于褒赏、恩惠、笼络的目的，对有功勋的臣属赐予“国姓”即皇姓，以表示荣崇。如唐为李家天下，李为国姓。另外，帝王对于那些政敌或叛道之臣则往往赐予带有污辱性的姓氏。如南北朝时的北齐武因陈王萧响反叛，令萧氏改蛸，蛸即章鱼。

7. 以母为姓，以“女”为旁

在远古母系氏族社会中，姓是用来表示母系血统的，如姒、姬、姜等。

（二）英、美等国人姓氏主要来源与含义

1. 以宗教名称为姓

例如：Augustine（奥古斯丁，为“古罗马基督教神父”）；Grace（格雷斯，为“神的恩典”）；Danis（丹尼斯，为“酒神之子”）；Elizabeth（伊丽莎白，为“神的誓言”）；Christopher（克里斯托弗，为“基督的人”）；James（詹姆斯，为“愿神的保佑”）；Jeffery（杰弗里，为“天赐安宁”）；John（约翰，为“神的恩赐”）；Michael（迈克尔，为“神之宠”）等。

2. 以父名加适当前缀或后缀而成姓氏

例如：Macarthur（麦克阿瑟，前缀 Mac 表示父子关系）；Fitzgerad（菲茨杰拉德，为 Gerad 之子，前缀 Fits 表示父名）；Jackson（杰克逊，为 Jack 之子，后缀 son 为……之子）等。

3. 以地名、地貌或环境特征为姓

例如：London（伦敦，英国首都）；Lincoln（林肯，美国内布拉斯加州首府）；Forest（福雷斯特，为“森林”）；Hill（希尔，为“山丘”）；Field（菲尔德，为“田野”）；Ford（福特，为“可涉水而过的地方”）等。

4. 以职业为姓

例如：Smith（史密斯，为“铁匠”）；George（乔治，为“耕作者”）；Carpenter（卡彭特，为“木匠”）；Taylor（泰勒，为“裁缝”）；Hofman（霍夫曼，为“宫廷侍臣”）；Hunter（亨特，为“猎人”）；Joseph（约瑟夫，为“主将”）；Miller（米勒，为“磨坊主”）等。

5. 以动植物为姓

例如：Fox（福克斯，为“狐狸”）；Haggard（哈格德，为“悍鹰，未驯服的鹰”）；Drake（德雷克，为“公鸭”）；Hart（哈特，为“公鹿”）；Wolf（沃尔夫，为“狼”）；Pike（派克，为“狗鱼”）；Woodcock（伍德科克，为“飞禽”）；Bush（布什，为“灌木丛”）；Brome（布罗姆，为“雀麦属植物”）；Cole（科尔，为“油菜”）；Rice（赖斯，为“稻米”）；Crabtrel（克雷布特里，为“酸苹果树”）等。

6. 以诨号为姓

例如：Short（肖特，为“矮个子”）；Stow（Stout 斯托，为“大块头”）；Greathead（格雷特思德，为“大头”）；Campell（坎贝尔，为“歪嘴子”）等。

7. 以颜色为姓

例如：Red（雷德，为“红色”）；Blue（布卢，为“蓝色”）；White（怀特，为“白色”）；Black（布莱克，为“黑色”）；Orange（奥林奇，为“橘黄色”）等。

8. 以自然现象为姓

例如：Snow（斯诺，为“雪”）；Frost（弗罗斯特，为“霜”）；Rain（瑞恩，为“雨”）等。

以上我们分别列举了中国人和英美等国家人姓氏的主要来源。如将两者略加比较就会看出，以居地为姓，以职业为姓和以官职为姓的现象在中西都很普遍，有相似之处。但是，中西方毕竟属于两个不同的文化系统，因而在姓氏来源上所表现出的更多的则是它们的不同之处。西方人以宗教名称为姓，带有基督教色彩，而中国人以国名为姓，以官职为姓和以帝王赐姓等都有较浓厚的宗法色彩。此外，西方人诨号为姓，以动物和植物为姓表明西方人取姓有很大的随意性。中国人则十分重视姓氏，没有这种现象。虽然，中国人姓氏中用动物名称的不少，究其来历并不是直接拿来便用，而是分属我们上文中讲的七种来源。如极常见的马氏，嬴姓伯益之后赵奢封马服君，子孙以马服为姓，后去“服”为马姓。可见马姓实际上是以地名为姓。牛姓，子姓宋微子的后代叫司冠牛父，其孙以祖父的字为姓。白马复姓，周武王讨伐商纣王，纣王的异母兄微子启抬棺骑白马到周军陈前请降，后人因此事以白马为姓。这是以先人之事为姓。再如，狗、狼、猪等动物曾为姓氏，但因人们常把狗、狼与“狼心狗肺”联系在一起，所以姓狼姓狗的一般也不愿再以狼以狗为姓。同样，人们认为猪是最贪吃、懒惰、蠢笨、肮脏的东西，形象不好，因而改字。可见，中国人姓氏不以动物等为姓体现了中国取姓上避恶求善、避丑求美的倾向。

三　中西人名的取名方式与含义

人名作为一个人在社会上的个人特征，其来源和含义与社会历史的发展有着十分密切的联系，反映一定社会的价值观和民族心态。因此，弄清中西人名的取名方式与含义，对于搞好人名的翻译大有裨益。

（一）中国人取名方式与含义

1. 以出生时间取名

在春天出生的孩子叫“春生”。我国著名教育家吴贻芳的原名为“冬生”。

2. 以出生地点取名

出生在上海的孩子取名“沪生”。又如郭沫若先生出生在四川乐山，乐山之大渡河古名沫水，雅砻江古名若水，遂合两水古称取名“沫若”。

3. 以历史事件取名

这类取名主要纪念社会历史变迁，一些重大事件的发生。纪念新中国诞生、土改运动和抗美援朝战争的名字有：建国、解放、拥护、土改、援朝、卫国等；纪念大跃进的名字有：跃进、卫星、超英等；纪念“文化大革命”的名字有：文革、要武、卫东、红卫等。再如1998年夏季我国南方遭受百年不遇的大洪水，给人民的生命财产带了沉重损失。全国军民奋力抗洪救灾，最终取得了胜利。为了纪念这一重大事件，许多在此时出生的孩子都取名“水生”或“抗洪”。

4. 以长辈的寄托取名

长辈把自己对后代的期望融进名字中。期望承继祖荫，家业昌盛的有：李隆基、田承嗣、杨继业等；期望消灾祛祸，长命百岁的有：霍去病、王鹤寿、毛延寿、辛弃疾等；期望承前续后，耀祖光宗的有：汤显祖、郑光祖、杨耀宗等；期望报效国家的有：爱民、兴国、建邦等。

5. 以动植物取名

中国人常用威武雄壮富有神奇力量的动物名称为男孩取名，如成龙、王鹏、李虎、张彪等；女孩常以植物花卉取名，如陈香梅、李玉莲等。

6. 以出生时的顺序或体重取名

以顺序取名的有：王老大、王小二、王小三、大大、小小等；以体重取名的有：七斤、八斤、九斤等。

7. 以器物取名

例如：贾宝玉、刘剑利、李金斗、刘舟、张居升、张鼎承等。又如我国古代唐宋八大家中的苏轼和苏辙兄弟的名字便属这类。“轼”为车前横木，作凭靠瞭望用，论重要性，自然不比车轮、车辐、车身，但缺少它，就不是一辆完整的车子。以“轼”为名的含义是，长大后不要成为只作“外饰”的好看的东西，要当有用的人。“辙”，车轮子在地上碾过的痕迹，久之即成车道。论车之功劳，自然不会联系到辙，然而发生了车仆马毙的祸事时，同样不会牵连到辙。以“辙”为名的含义是将来既能为国家建功立业，但又不会惹祸。

8. 以汉字结构取名

姓氏笔画作加减为名，如王玉、王三、吕品、陈东、聂耳、盛成等。或将姓氏拆开，如张长弓、胡古月、雷雨田等。两字相叠为名，如李师师、张明明、田惠惠等。

（二）英美人取名方式与含义

1. 以宗教取名

我们常见的英语人名，如 Diana（黛安娜，为“月亮女神”）；Athena（阿西娜，为“智慧女神”）；Eliot（艾略特，为“上帝的礼物”）；Helen（海伦，为“美丽女神”）等。

2. 以标志勇力或出人头地思想的事物取名

例如：Boris（鲍里斯，为“勇士”）；William（威廉，为“强大的捍卫者”）；Richard（理查德，为“统治有力”）；Harold（哈罗德，为“统帅”）；Abraham（亚伯拉罕，为“万民之父”）等。

3. 以职业取名

例如：Mason（梅森，为“石匠”）；Durward（德沃德，为“守门人”）；Penelope（佩内洛普，为“织女”）等。

4. 以动植物取名

例如：Leo（利奥，为“狮子”）；Gary（加里，为“猎犬”）；Arthur（阿瑟，为“雄熊”）；Lamb（兰姆，为“羔羊”）；Voila（维奥拉，为“紫罗兰”）；Rose（罗斯，为“玫瑰花”）；Lily（莉莉，为“百合花”）等。

5. 以外貌、特征取名

例如：Calvin（卡尔文，为“秃头”）；Roy（罗伊，为“毛发”）；Dump（邓普，为“矮胖子”）；Crispin（克里斯平，为“卷发”）等。

6. 以货币取名

西方主要国家的货币名称常被用做人名。如 Mark（马克，为德国货币“马克”）；Pound（庞德，为英国货币“英镑”）；Dollar（多拉尔，为美国货币“美元”）；Franc（法兰克，为法国货币“法郎”）等。

7. 以英语构词取名

例如：Rosemary（罗斯玛丽，由 Rose 与 Mary 合成）；May（梅，为 Mary 变移构成）；Myra（迈拉，也为 Mary 变移构成）等。

（三）人名的翻译

根据上述对中西人名的考察比较可以看出，中西人名无论在构成还是姓名的来源与含义上都存在差异。这要求姓名的翻译要反映民族文化特点。

第一，姓名构成顺序应按中西不同习惯排列。中国人名英译，仍应按中国人名的排列习惯——**姓前名后**。姓名用汉语拼音，第一个字母大写，姓与名之间分开，双汉字名字连在一起。例如：李双江——Li Shuangjiang；雷锋——Lei Feng；马胜利——Ma Shengli；欧阳修——Ouyang Xiu；司马懿——Sima Yi。同样，英语人名汉译也应按英语人名排列顺序——**名前姓后**。姓名按英语音译[①]成汉语，姓与名之间使用间隔号·。例如：Albert Einstein——阿尔伯特·爱因斯坦；Ernest Hemingway——欧内斯特·海明威；Harry S. Truman——哈里·S. 杜鲁门；Edmund Henry Hynman Allenby——埃德

① 详见本章附录《英汉音译表》《英语固定首、尾音节汉译表》。

蒙·亨利·海因曼·艾伦比等。

第二，虽然一些中西方人名有某种含义，但人名作为一种符号，这种含义已完全丧失。因此，人名翻译时只能音译，不可意译。这是人名翻译一个十分重要的原则。例如《红楼梦》中许多人名音义结合，译成英语时其含义无法表达。

贾化 Jia Hua 意为“假话”，不可译为“lie”

时飞 Shi Fen 意为“事非”，不可译为“trouble”

甄英莲 Zhen Yinglian 意为“真可怜”，不可译为“sympathy”

单聘仁 Shan Pinren 意为“善骗人”，不可译为“cheater”

卜固修 Bu Guxiu 意为“不顾羞”，不可译为“unshameful”

霍启 Huo Qi 意为“祸起”，不可译为“disaster”

同样：

宋解放 Song Jiefang，不可译为“Liberation”

梁文革 Liang Weige，不可译为 Cultural Revolution

英国小说《名利场》中的两个人名的翻译也是如此：

Sharp 夏泼，不可译为“尖刻”

Amelia 艾米丽娅，不可译为“勤劳”

最后，我们讨论一下外国人名“汉化”问题。

请先看译例：

Scarlett O' hara was not beautiful, but men seldom realized it when caught by her charm as the Tarleton twins were...

Seated with Stuart and Brent Tarleton in the cool shade of the porch of Tara, her father's plantation, that bright April afternoon of 1861, she made a pretty picture.

(*Gone with the Wind*)

译文一：

那**郝思嘉**小姐长得并不美，可是极富魅力，男人见了她，往往要着迷，就像**汤家**那一对双胞胎兄弟似的。……

1861 年 4 月一个晴朗的下午，思嘉小姐在陶乐垦植场的住宅，陪着汤家那一对双胞胎兄弟——一个叫**汤司徒**，一个叫**汤伯伦**——坐在一个阴凉的走廊里。这时春意正浓，景物如绣，她也显得特别标致。

（傅东华 译）

译文二：

斯佳丽·奥哈拉长得并不美，但是男人一旦像**塔尔顿**家孪生兄弟那样给她的魅力迷住往往就不大理这点。……

1861 年 4 月，有一天下午阳光明媚，她在父亲的塔拉庄园宅前门廊的荫处，同塔尔顿两兄弟**斯图特**和**布伦特**坐在一起，那模样真宛若画中人。

（陈廷良 译）

译文三：

思嘉·奥哈拉长得并不漂亮，但是男人们一旦像**塔尔顿**家那对孪生兄弟为她的魅力所迷住时，便看不到这一点。……

1861 年 4 月一个晴朗的下午，思嘉同塔尔顿家的孪生兄弟**斯图尔特**和**布伦特**坐在她父亲的塔拉农场阴凉的走廊里，她标致的模样儿使四周的一派春光显得更加明媚如画了。

（戴侃 李野光 译）

三种译文中，译文二和译文三音译原英语姓名，保存了原语的语言文化特征。可是，译文一的译者傅东华先生将 Scarlett O'hara 译成“郝思嘉”，Stuart and Brent Tarleton 译成“汤司徒和汤伯伦”。这种“汉化”译法是将英语姓中的第一个音节的读音选用中国人的“姓”，名子音译成中国人名的双字。整个姓名按照中国人姓名的排列顺序，将姓放在名前，构成汉语人名。然而，这种译法在翻译界引起了争议。大多数人认为这种译法不可取。

从文化翻译的角度分析，这种译法抹杀了中西人名之间的文化差异，失去了人名所包含的文化信息，汉化人名与整个小说的文化氛围不协调一致。

第二节　中西方地名文化

地名是地理名称的简称，地理名称即地理事物的名称。换句话说，地名是对某一个具体地物或地理区域的命名。

地名一般由专名和通名两个部分构成。如西安市、巴林岛、贝加尔湖。西安、巴林、贝加尔是专名，市、岛、湖是通名①。专名特指某一地理实体并用以区分同类地物的专用语，起定位作用，通名则概括某种地物的共性，起定性作用。

从语言文化的角度来讲，地名是指称某一地物的语言符号，同时也是一种文化现象。地名是人类文化的载体。例如，我国大量的地名用龙、虎命名，如龙岩、龙泉、龙门、龙井、虎头山、虎门等。这些地名与我们中华民族的龙、虎图腾崇拜有关，是自远古以来中华民族龙虎文化的产物。再如，Washington（华盛顿）是美国首都。这一地名与美国独立战争英雄、第一任总统华盛顿（George Washington，1732—1799）的名字相联系，反映了美国的历史文化。从这些例子可以看出，中外地名都蕴含着自然经济、物产、社会历史、宗教信仰等文化信息。因此，从语言文化角度研究地名文化内涵及其翻译是一个值得探讨的问题。

一　中西方地名来源及其内涵

地名的来源十分复杂，但主要有自然环境因素和社会历史因

---

① 详见本章附录《地理通名和常用词表》。

素两大类。综合起来，地名的来源有以下几种类型：

1. 以方位和位置命名

我国根据东、西、南、北方向的地名有：河南、河北（黄河的南北）；山东、山西（太行山的东西）；湖南、湖北（洞庭湖的南北）；陕西（河南省陕县以西）；云南（云岭山以南）等。我国还有许多地名以阴阳示向。对山而言，南为阳，北为阴；对水而言则恰恰相反，北为阳，南为阴。衡阳（湖南）位于衡山之南，华阴（陕西）位于华山之北；洛阳（河南）位于洛水以北；江阴（江苏）位于长江以南等。另外，我国许多地名是根据河流、湖泊、海洋、山脉的不同部位命名。如四川（长江、嘉陵江、岷江、沱江）；澳门（广东珠江口，海湾可以泊船的地方叫澳）；泾源（宁夏，泾河源地）等。方位命名在西方国家也很普遍，如南斯拉夫（Yugoslavia），"南"是表示方向，"斯拉夫"是东欧的一种语系，"南斯拉夫"就是南方讲斯拉夫语的国家。

2. 以形状和特征命名

例如：我国海南岛的五指山其形状像五指，故取此名。黄河、黄海是因水中含有的大量黄色泥沙这一特征而得名。外国地名有类似情况，如荷兰（Holland，Netherlands），是"低洼的土地"的意思，反映荷兰国土地势低洼，25%低于海平面的地理特征。

3. 以矿藏和物产命名

我国这类地名很多，如盐城（江苏）、铁岭（辽宁）、无锡（江苏）、铜陵（安徽）等。外国此类地名也很多，如美国犹他州首府盐湖城（Salt Lake City）取名于附近的大盐湖（Salt Lake）。

4. 以姓氏和历史人物命名

在我国地名中以姓氏取名非常普遍，如石家庄（河北省会）、白家堡、寇家坳、肖家村、李庄、王家屯等。但我国不习惯用人名命名地名。现代少数地名来源于人名，主要是为了纪念一些历史人物，如中山市（广东，以革命先行者孙中山命名）、志丹县（陕西）、子长县（陕西）、左权县（山西）、靖宇县（吉林）分别以革命先烈刘志丹、谢子长、左权、杨靖宇的名字命名。然而，用人物定地名在西方相当普遍。世界上许多地名都是以欧洲人的名字命名的。这些欧洲人往往是某一地域的最先发现者、占领者或使用者。例如：美洲大陆（America①）是以意大利航海家亚美利戈·韦斯普奇（Amerigo Vespucci，1451—1512）的名字为新大陆起的名字。麦哲伦海峡（Magellan Strait）是以葡萄牙探险家费尔南多·麦哲伦的名字（Fernando Magellan，1480？—1521）命名的。另外，美国用已故总统名字命名的地名很多，如麦迪逊（Madison）是美国威斯康星州首府，以美国第四任总统詹姆斯·麦迪逊（James Madison，1751—1836）的姓氏命名。

5. 以美好愿望命名

地名中有些字眼表达人们期盼吉祥、幸福、平安的愿望，如我国的仙居（浙江）、永昌（甘肃）、富裕（黑龙江）、安康（陕西）、吉安（江西）等。再如，世界四大洋中的第一大洋——太平洋（Pacific Ocean），意为“和平之海”，汉译“太平洋”。

6. 以移民故乡命名

移民是中外历史上司空见惯的事情。人们常因某种原因背井离乡，迁移到新的地方居住。为了不忘却故乡，移民常用原故乡的地名命名新的居住地。中国历史上曾经发生过数次大移民。以

① “America”这个词，是1507年时德意志地图学家兼地理学家M. 瓦尔兹缪勒根据意大利航海家亚美利戈·韦斯普奇（Amerigo Vespucci，1451—1512）的名字，给新大陆起的名字。亚美利戈，按当时欧洲各国共同采用的书面语拉丁语为Americus，所以瓦尔兹缪勒把韦斯普奇的名字改为Americ，再加指土地后缀-a，造出America这么一个词来，汉译“亚美利加”，原义是“亚美利戈·韦斯普奇发现的土地”。参见刘伉《世界地名纵横谈》，第152页。

北京为例，在大兴东南的凤河两岸的地名中有：霍州营、长子营、河津营、潞城营、南蒲州营、北蒲州营、屯留营等；在顺义西北有红铜（洞）营、忻州营、东降州营、西降州营、河津营、夏县营等。这些地名都是山西的县名，这反映了明朝为充实京城，在其初期从山西向北京有计划移民的事实。

在西方国家中，美国是一移民国家，被称为“大熔炉”（melting pot）。美国早期的移民主要来自英国、法国、西班牙等国家。美国地名中有许多是移民地名，如 New England（新英格兰）是美国东北地区的六个州，是英国在北美最早的移民地区。第一批乘坐“五月花”号船的移民在英国名称 England 前加 New（新）命名了这个地区，沿用至今。再如，New Orleans（新奥尔良）是美国南部城市，位于密西西比河下游。该城由法国人所建。法国中北部有个奥尔良市。类似的地名还有：New York（纽约），New Mexico（新墨西哥），New Plymouth（新普利茅斯），New Jersey（新泽西）等。

7. 其他地名

美国的一些地名很离奇，其来源比较随意，含义令人费解。例如：C. Nome（诺姆角）位于美国阿拉斯加州西部。这个地名源于一个偶然的错误。据说，一位早期的地图编制者发现这个地方尚未命名，于是写上“? name”字样，意思是问“名称（name）呢?”由于字写得很潦草，绘图员误以为是“C. Nome”，便成了地名。

另外，美国有些地名的字面意义很怪诞。

例如：

Tensleep　滕斯利普（怀俄明），意为“睡十觉”

Hot Coffee　霍特咖啡（密西西比），意为“热咖啡”

Malad City　马拉德城（爱达荷），意为“瘟疫城”

Tombstone 汤姆斯通（亚利桑那），意为“墓碑”

Deadhorse 戴德霍斯（阿拉斯加），意为“死马”

Moon 穆恩（宾夕法尼亚），意为“月亮”

Money 马尼（密西西比），意为“金钱”

二 地名的翻译

地名翻译是一个十分复杂的问题，不仅涉及语言、文化，也与国家政治、经济、国防和主权密不可分。地名学中“名从主人”的国际准则，同样是地名翻译应遵循的最基本原则。例如，珠穆朗玛峰（Chomolungma）位于中国和尼泊尔交界处，为世界最高峰。我国清代《皇舆全览图》称此峰为“朱母朗玛阿林”。“阿林”是满语，意为山峰，即珠穆朗玛山峰。但是，我国曾在很长一段时间内将此名盲从译作“埃佛勒斯峰”（Everest）。这个名称是英国殖民者以派在印度的测量局长埃佛勒斯（George Everest，1790—1866）的名字命名的。这一名称违背了“名从主人”的原则，“有损于国家尊严。新中国建立后，经北京大学林超教授详查了多种文献，才得到了正名”（牛汝辰《中国地名文化·前言》）。

下面我们在“名从主人”的大原则下，从语言文化角度探讨一下地名的翻译。

（一）中国地名英译

根据我国有关规定，汉语地名译成英语应遵照下列原则。

1. 音意结合，即专名部分采用汉语拼音字母拼法，通名部分意译。

例如：

北京市 Beijing Municipality（直辖市）

铜川市（陕西） Tongchuan City

陕西省 Shaanxi Province

金门县（福建） Jinmen County

晋中地区（山西） Jinzhong Prefecture

台湾岛 Taiwan Island

四川盆地 Sichuan Basin

塔克拉玛干沙漠（新疆） Taklimakan Desert

青海湖 Qinghai Lake

琼州海峡 Qiongzhou Straits

大兴安岭（黑龙江） Da Xing，an Mountains

黑龙江 Heilong River

2. 音译重复意译，即专名为单音节（不含 n，ng 以外的辅音结尾的单音节）时，通名视作专名的组成部分，并音译。例如，耀县（陕西）应译为 Yaoxian County。

类似的情况有：

长江 Changjiang River

黄山 Huangshan Mountain

天池 Tianchi Lake

3. 意译，即个别习惯性意译的地名仍意译。例如，香港译为 Hongkong，南海译为 South China Sea，黄河译为 Yellow River 等。

这里必须指出，地名不可随便意译，切勿望文生义，特别是一些描述性地名、物产地名、事件地名、愿望地名、数字地名等。例如：

黑山（辽宁） Heishan Mountain，不可译为"Black Mountain"

铜陵县（安徽） Tongling County，不可译为"Bronze County"

东风港（山东） Dongfeng Bay，不可译为"East Wind Bay"

富县（陕西） Fuxian County，不可译为"Rich County"

三江县（广西） Sanjiang County，不可译为"Three River County"

如果想要在译名中反映地名的物质或历史文化等信息，通常可采取增译的办法。一种译法是在地名后增译非限定性定语从句，注解其特点。例如：山西省以盛产煤而著称，可译为 Shanxi Province, which is rich in coal；青岛（山东）以啤酒闻名于世，可译为 Qingdao City, which is famous for its beer。另一种译法是增译地名雅称[①]，构成同位结构，可前置或括注。

例如：

古城西安 Ancient City—Xi'an

日光城——拉萨市 the Sun City, Lasha

中国钢城——鞍山市 Anshan City—the steel centre of China

山城重庆 a mountain city, Chongqing

侨乡——广东 Guangdong—the hometown of the overseas Chinese

葡萄之乡——吐鲁番 The Grape Land— Tulufan

（二）英语地名的翻译

我们先来讨论一下两个美国地名的翻译。Cash 是美国阿肯色州的一个城市。Goodnews River 是美国阿拉斯加州的一条河流。这两个地名有两种不同的译法：一是意译为“现金城”和“好消息河”；一是音译为“卡什城”和“古德纽斯河”。这似乎只是一个音译和意译的问题，但实际上涉及地名的翻译原则。上面这两个地名的类似情况在美国地名中很多，其来源比较随意，没有具体的内容，从符号学的角度来讲，这些地名仅仅起区别作用。因此，将其按字面意思翻译是不可取的。

普遍认为，英语地名的翻译应遵循“音译为主，意译为辅，兼顾习惯译名”的原则。下面以美国地名翻译为例：

1. 音译。英语地名中的专名部分一般都要音译。例如：

---

① 地名雅称是一种社会现象，是人们根据地名所指地域的地理位置、地理特征、自然资源、人类活动、历史情况以及有关的神话、民间传说等给定的。参见贾文毓编《世界地名雅称选编·前言》。

Tendal（La.） 滕达尔（路易斯安那）

Covada（Wash.） 科瓦达（华盛顿）

Branch（Miss.） 布兰奇（密西西比）

Bellflower（Mont.） 贝尔弗劳尔（蒙大拿）

Ball（La.） 鲍尔（路易斯安那）

Goodnight（Tex.） 古德奈特（得克萨斯）

2. 意译情况。我们先看一个例子。Oxford（牛津）是英国英格兰中部城市，在牛津郡，位于泰晤士河上游。912 年《盎格鲁撒克逊编年史》始称 Oxnaford，后简化得今名。汉语意译为牛津。因泰晤士河经此，被分为几道河汊，河水较浅，牛（ox）可以涉水（ford）而过，所以汉语取其意为牛津。这个例子说明意译可以反映地名的语言文化内涵。下列地名可以意译。

（1）人名命名的地名中的衔称要意译。

例如：

Prince of Wales Island（Alaska） 威尔士王子岛（阿拉斯加）

King George County（Va.） 乔治王县（弗吉尼亚）

（2）英语地名中的通名部分一般意译。

例如：

City Island（N. Y.） 锡蒂岛（纽约）

Fall City（Wash.） 福尔城（华盛顿）

Mountain Greek Lake（Tex.） 芸廷克里克湖（得克萨斯）

Horseshoe Reservoir（Ariz.） 霍斯舒水库（亚利桑那）

Goodhope River（Alaska） 古德霍普河（阿拉斯加）

（3）数字或日期命名的地名意译。

例如：

Sixtymile River（Canada—Alaska） 六十英里河（加拿大—［美］阿拉斯加）

Ten Thousand Smokes, Valley of（Alaska） 万烟谷（阿拉斯加）

Four Peaks（Ariz.）　四峰山（亚利桑那）

Three Lakes（Wash.）　三湖村（华盛顿）

Thousand Islands（N. Y. —Canada）　千岛群岛（［美］纽约—加拿大）

（4）意译表示方向、大小、新旧等修饰地名专名的形容词。

例如：

East Chicago（Ind.）　东芝加哥（印第安纳）

North Anna River（Va.）　北安娜河（弗吉尼亚）

Big Canyon River（Tex.）　大峡谷河（得克萨斯）

Great Smoky Mountains（N. C. —Tenn.）　大雾山（北卡罗来纳—田纳西）

Little Salt Lake（Utah）　小盐湖（犹他）

New Baltimore（Ohio）　新巴尔的摩（俄亥俄）

Old Woman River（Alaska）　老妇河（阿拉斯加）

Long Island City（N. Y.）　长岛城（纽约）

Hot Spring County（Ark.）　温泉县（阿肯色）

但是修饰地名通名部分的形容词要用音译。

例如：

Great Bay（N. H.）　格雷特湾（新罕布什尔）

New Lake（N. C.）　纽湖（北卡罗来纳）

West（Miss.）　韦斯特（密西西比）

2. 以人名、宗教名、民族名命名的地名常采用习惯译名。

例如：

John F. Kennedy Space Center（Fla.）　约翰·肯尼迪航天中心（佛罗里达）

White Harven（Pa.）　怀特港（宾夕法尼亚）

San Luis Canal（Calif.）　圣路易斯运河（加利福尼亚）

Indiana（State）　印第安纳（州）

附 录

人名地名英汉互译对照表

英汉译音表

国际音标 \ 汉字 \ 国际音标		b	p	d	t	g	k	v	w	f	z dz
		布	普	德	特	格	克	夫（弗）	夫（弗）	夫（弗）	兹
aː ʌ æ	阿	巴	帕	达	塔	加	卡	瓦	瓦	法	扎
e/ ei	埃	贝	佩	德/代（黛）	特/泰	盖	凯	韦	韦	费	泽
əː ə	厄	伯	珀	德	特	格	克	弗	沃	弗	泽
iː i (j)	伊	比	皮	迪	蒂	吉	基	维	威	菲	齐
ɔ ɔː/ ou o əu	奥/欧	博	波	多	托	戈	科	沃	沃	福	佐
uː u	乌	布	普	杜	图	古	库	武	伍	富	祖
juː ju	尤	比尤	皮尤	迪尤	蒂尤	久	丘	维尤	威尤	菲尤	久
ai	艾	拜	派	代（黛）	泰	盖	凯	韦	怀	法	宰
au	奥	包	保	道	陶	高	考	沃	沃	福	藻
æn ʌn an æŋ	安	班	潘	丹	坦	甘	坎	万	万	凡	赞
aːn aun ʌŋ ɔːn ɔn ɔŋ	昂	邦	庞	当	唐	冈	康	旺	旺	方	藏
en eŋ əːn ən əŋ	恩	本	彭	登	滕	根	肯	文	文	芬	曾
iən iːn in a jən	因	宾	平	丁	廷	金	金	温	温	芬	津
iŋ	英	宾	平	丁	廷	京	金	温	温	芬	京
uːn un oun	温	本	蓬	敦	通	贡	昆	文	文	丰	尊
uŋ	翁	邦	蓬	东（栋）	通	贡	孔	翁	翁	丰	宗

续表

ts	s ð θ	ʒ	ʃ	dʒ	tʃ	h	m	n	l	r	j	gw	kw	hw
茨	斯(丝)	日	什	季	奇	赫	姆	恩	尔	尔	伊			
察	萨		沙(莎)	贾	查	哈	马(玛)	纳(娜)	拉	拉	亚(娅)	瓜	夸	华
采	塞	谢	杰	切	赫/黑	梅	内	莱	雷	耶	圭	奎	惠	
策	瑟	热	舍	哲	彻	赫	默	纳 娜	勒	勒	耶	果	阔	霍
齐	西(锡)		希	吉	奇	希	米	尼(妮)	利(莉)	里(丽)	伊	圭	奎	惠
措	索	若	肖	乔	乔	霍	莫	诺	洛	罗	约	果	阔	霍
楚	苏	茹	舒	朱	楚	胡	穆	努	卢	鲁	尤		库	
丘	休		休	久	丘	休	缪	纽	柳	留				
蔡	赛		夏	贾	柴	海(亥)	迈	奈	莱	赖	耶	瓜/伊	夸	怀
曹	绍		绍	焦	乔	豪	毛	瑙	劳	劳	尧		阔	
灿	桑		尚	章	昌	杭	芒	南(楠)	朗	朗	扬	光	匡	黄
仓	桑		尚	章	昌	杭	芒	南(楠)	朗	朗	扬	光	匡	黄
岑	森	任	申	真(珍)	琴	亨	门	嫩	伦	伦	因	古 恩	昆	
钦	辛		欣	金	钦	欣	明	宁	林(琳)	林(琳)		古 因	昆	
青	辛		兴	京	青	兴	明	宁	灵	灵	英	古 英		
聪	孙		顺	准	春	洪	蒙	嫩	伦	伦	云			
聪	松		雄	琼	琼	洪	蒙	农	隆	龙	永			洪

英汉译音表说明：

1. 字母 a 在词首发［ə］时，按［aː］行译写；-ia 在词尾时，a 按“亚”译写。

2. 元音 a, e, i, o, u 在非重读音节时，一般按形译。双元音 ai, ay 在词首发 [ε] 或 [ei] 时，仍按 [ai]（艾）行汉字译写。

3. [ain] [ein] [jun] [ju：n] 均按 [ai] [ei] [ju] [ju：] 横行汉字加“恩”译写。

4. [ɔi] 按 [ɔ] 横行汉字加“伊”译写。

5. 以 r 或 re 结尾的音节，音标为 [ɔə] [iə] [aiə] [auə] [juə] [uə] 时，[ə] 按“尔”译写。[εə] 按“埃”横行的汉字加“尔”译写。

6. [tr] [dr] 按 [t] 加 [r] 和 [d] 加 [r] 译写。

7. [l] [m] [n] 和它前面的辅音组成“成节音”时按下列原则处理：

①[l] 或 [m] 和其前面的辅音组成“成音节”时，按两辅音之间加 [ə]（厄）处理。如：Ouzel [u：zl] 译“乌泽尔”。但当其后面有元音时，[l] [m] 和其前面的辅音不再构成“成节音”，而按一般原则处理。如：Beazley [bi：zli] 译成“比兹利”。

②[n] 和其前面的辅音组成“成节音”时，按 [ən] 横行的汉字译写。如：Listen [lisn] 译“利森”。而当 [n] 后出现元音时，[n] 要双拼。如：Parsonage [pa：snidʒ] 译“帕森尼奇”。

③[nl] 后面为元音时，[n] 和 [l] 要分开译。如：Suddenly [sʌdnli] 译“萨登利”。其他情况下 [n] 要双拼。如：Lione [laiənel] 译“莱恩纳乐”，Personalty [pə：snlti] 译“珀森纳尔蒂”。

8. m 在 b 和 p 前按 n 译写。但当 m 后面的 b 不发音时，m 仍按 [m] 译写，如：Combs [ku：m] 译“库姆”。

9.（栋）（楠）（锡）用于地名开头，（亥）用于地名结尾。

10.（娅）（玛）（琳）（娜）（莉）（丽）（妮）（珍）（丝）（莎）（黛）等用于女性名字。

11.（弗）用于人地名开头。

12. 常见前缀、后缀按固定汉译统一，如：前缀“Mc-”用“麦克”，后缀“ton”用“顿”。

13. 浊辅音清化或清辅音浊化一般仍按形译。

英语固定首、尾音节汉译表

英语	汉译
bau-	鲍
-baum	鲍姆
baw-	鲍
-berg	伯格
-berger	伯格
-berry	伯里
-bert	伯特
-bluff	布拉夫
-bone	伯恩
-borg	堡
-born（e）	本
-boro	伯勒
-borough	伯勒
-bourn（e）	本
bow-	鲍
-brandt	布兰特
-bridge	布里奇
-bright	布赖特
-brook（e）	布鲁克
-brough	伯勒
bur-	伯
-burg	堡
-burger	伯格
-burgh	堡
-burn（e）	本
-burrough	伯勒
-burton	伯顿
-bury	伯里
-by	比
-caster	克斯特
cau-	考
caw-	考
-cham	彻姆
-chapel	查珀尔
-chard	查德
-chesger	切斯特
-child	柴尔德
-church	彻奇
-cius	修斯
-comb（e）	科姆
-corner	科纳
-cough	克夫
-cour	库尔
cow-	考
-croft	克罗夫特
cur-	柯
-dale	代尔
-dam	丹
-dall	德尔
-deau	多
-dell	德尔
-den	登
-dens	迪厄斯
-dge	奇
-dham	德姆
-dius	迪厄斯
-don	登
-dorf	多夫
-dow	道
-down（e）	当

-ds	兹
dun-	邓
-dz	兹
-feld	菲尔德
-felt	费尔特
-field	菲尔德
-ford	福德
-fort	福特
-forth	福斯
-fus	弗斯
-gan	根
-gate	盖特
gau--	高
-ge	奇
-ham	厄姆（英） 汉（美）
-grave	格雷夫
-grove	格罗夫
-haus	豪斯
-hausen	豪森
-haven	黑文
-head	黑德
-horn	霍恩
-house	豪斯
-hull	赫尔
hun-	亨
-hurst	赫斯特
-kall	科尔
-kamp	坎普
-key	基
-lain	莱恩
-land	兰
-lander	兰德
lang-	兰
-lau	劳
-law	劳
-lay	利
-ledge	利奇
-leigh	利
-lein	莱因
-ler	勒
-less	利斯
-lett（e）	利特
-ley	利
-ly	利
llan--	兰
-lock	洛克
-long	朗
-main	梅恩
-man（n）	曼
-mayer	迈耶
-meier	迈耶
-men	门
-mer	默
-mere	米尔
-meyer	迈耶
-mont	蒙特
-monte	蒙蒂
-moore	莫尔
-more	莫尔
-mount	芒特
-mouth	茅斯

-nall	纳尔
-nan	南
-nel	内尔
-nen	嫩
-ner	纳
-ness	内斯
-nette	内特
-ney	尼
-night	奈特
-nius	尼厄斯
-non	嫩
-nutt	纳特
-paugh	波
-pert	珀特
-plain	普莱恩
-pool	浦
-port	波特
-que	克
-quist	奎斯特
-rain	雷恩
-ral	勒尔
-rand	兰德
-ridge	里奇
-rol	勒尔
-sad	塞德
-sall	索尔
-say	赛
-schmidt	施米特
-sen	森
-sett	西特
-sette	赛特
-sey	西
-shall	歇尔
-sham	舍姆
-shaw	肖
-shell	谢尔
-ship	希普
-shire	希尔
-sid	赛德
-sion	申
-sius	修斯
-smith	史密斯
-son	森
-spring	斯普林
-springs	斯普林斯
-stadt	施塔特
-stair	斯泰尔
-stan（e）	斯坦
-stead	斯特德
-sted	斯特德
-stedt	施泰特
-stine	斯坦
-stone	斯通
-stowe	斯托
-strom	施特龙
-strong	斯特朗
-sure	热
-tain	廷
-tall	托尔
-tch	奇
-ten	滕
-teus	蒂厄斯

-tham	瑟姆	-ward	沃德
-then	森	-water	沃特
-thian	西恩	-way	韦
-thorn	索恩	-weil	韦尔
-thorp	索普	-well	韦尔
-thur	瑟	-wen	温
-tian	琴	-white	怀特
-tion	申	-wick	威克
-tius	修斯	-will	威尔
-ton	顿	-win	温
-tone	通	-wirth	沃思
-tow	托	-witz	威茨
-town	敦	-wood	伍德
-ts	茨	-worth	沃思
-tz	茨	-worthy	沃西
-vale	韦尔	-writhy	赖特
-ville	维尔	-xius	修斯
-vin	文	-yard	亚德
-waite	韦特	-yer	耶
-wale	韦尔	-zen	曾
-wall	沃尔	-zer	泽

地理通名和常用词表

Airport	机场，航空港	Farm (s)	农场
Archipelago	群岛	Ferry	渡口
Arm	湾	Forest	森林，林地
Basin	盆地，湾	Fork (s)	河，支流
Bay	湾	Fort	堡
Bayou	河	Glacier	冰川
Beach	滩	Glade	湿地，沼地
Bluff (s)	陡崖	Gulf	湾
Branch	河，支流	Harbo (u) r	港
Brook	河，溪	Haven	避风港
Butte	峰，孤山	Heights	高地
Camp	营	Highland	高原
Canal	运河，渠	Hill (s)	山，丘陵
Canyon	谷，峡谷	Inlet	湾
Cape	角	Island (s)	岛（群岛）
Castle	堡	Isle	岛
Cave	洞	Key (s)	礁，岛
Cay	岩，礁，岛	Knob	园丘，山
Channel	水道，海峡	Lagoon	湖，泻湖
City	城	Lake	湖
Coast	海岸	Mound	丘陵
County	县	Mount	山，峰
Cove	小湾	Mountain (s)	山，山脉
Creek	河，溪	Neck	岬，角
Dam	坝	Park	公园
Desert	沙漠	Pass	山口，水道
Dune (s)	沙丘	Passage	水道
Entrance	入口	Peak	峰
Everglade (s)	沼泽地	Peninsula	半岛
Fall (s)	瀑布	Plateau (s)	高原

Point	角
Pond	池，塘
Port	港
Range	岭
Rapid（s）	急流
Region	区域，地区
Reservation	保留地
Reservoir	水库
Ridge	山脊，岭
River	河
Rock	岩
Sand	沙，沙滩
Sea	海
Seashore	海岸，海滨
Shoal（s）	浅滩
Sound	湾，海峡
Spit	沙嘴
Spring（s）	泉
Square	广场
State	州
Station	站
Strait（s）	海峡
Stream	河，溪
Street	街
Summit	峰，山顶
Swamp	沼泽地
Town	镇
Tunnel	隧道
Vale	谷
Valley	谷
Village	村
Volcano	火山
Waterfall	瀑布
Well	井

第八章

饮食文化与翻译

中国有句古话“民以食为天”。“天”者，至高之尊称，也就是说“悠悠万事，为此为大”。这是中国传统政治哲学精粹之所在。在西方，19 世纪德国哲学家费尔巴哈在《贫穷操纵并取消所有法律》中说，“心中有情，首中有思，必先腹中有物”。事实正是如此。无论是东方还是西方，饮食是人们的基本需求，是一切人类文明的前提。

然而，由于受自然环境、社会条件和宗教信仰等诸多因素的影响，不同民族形成了各具特色的传统饮食习俗，反映着一个民族的历史文化特点，既有物质文化方面，又有精神文化方面。

至于饮食文化翻译，可以用一个“难”字来概括。这不仅指饮食方面词汇的古怪，而主要是其文化内涵深邃。不论是口语流利的译员，见多识广的官员，还是知识渊博的学者都会在同外宾进餐时对一些菜名的翻译有所不知，常常以“please taste this dish! It is very delicious”来搪塞。遇到好事的外宾追问菜名往往会弄得十分尴尬。因此，研究不同民族的饮食文化翻译具有现实意义，有利于促进民族文化的交流与传播。

第一节 中西方菜名文化

一 中式菜名与翻译

众所周知，中国菜以烹饪技艺高超，色、香、味、形俱佳而著称于世。中国的烹饪技艺，不仅是一项专门的科学技术，而且是我国文化宝库中的一颗光辉灿烂的明珠。

由于我国历史文化悠久，地大物博，民族众多，习俗各异，我国的烹饪技术早在两千年前就已趋于成熟，并开始形成不同的风格和特点。经过漫长的历史演变，不同区域内的烹饪技艺逐渐自成体系，形成别具风味的菜系。中国究竟有多少个菜系目前尚无准确的统计，但国内外最驰名的有八大菜系：北京菜、山东菜（简称“鲁菜”）、淮扬菜、江浙菜、福建菜、广东菜（简称“粤菜”）、四川菜（简称“川菜”）和湖北菜。在这些菜系中，菜肴的名称十分繁杂，丰富多彩，并带有浓厚的历史文化内涵和地方特色。

（一）以历史人物、菜肴创制者命名

用人物命名菜肴是中华饮食文化的一个特色。这类菜名起源于某位历史人物或与其有关的一段传说故事。例如，宫保鸡丁是一道川味名菜，始于清光绪年间，由四川总督丁宝桢首创。后因丁宝桢被封为太子少保，人称丁宫保，其创制的鸡丁也以此得名。清末民初时，川菜普及全国各大城市，宫保鸡丁也成了全国有名的菜肴。再如，东坡肉相传是根据宋代文学家苏东坡烧肉的方法烹制而成，故取此名。苏东坡不仅是我国古代伟大的文学家，也是中国饮食文化史上第一位有影响的美食家。他精于烹饪，常常喜欢自己动手烹调菜肴。他任杭州太守时，因疏浚西湖有政绩，百姓纷纷送肉上门表示感谢。他便让家厨按照自己煨制红烧肉的办法，将肉烹调后送给治理西湖的民工吃，大家觉得此肉肥而不腻，鲜美可口，便称为“东坡肉”。从此，“东坡肉”成为一道名菜，流传至今。

从这两个菜名的构成来分析，以历史人物、菜肴创制者命名的菜名包括两部分：人物（姓名、字号、官位、绰号等）+原料（或烹调方法）。这类菜各的翻译可采用以下三种方法。

1. 一些人物菜名通常先意译出菜的原料（或烹调方法），再直译出创制人，注明年代，也可注明人物的身份。

例如：

宫保鸡丁　Diced chicken with chili and peanuts in hot sauce (invented by Gongbao in Qing Dynasty)

东坡肉　Braised pork (invented by Su Dongpo who was a famous man of letters in Song Dynasty)

有人认为，这种译法不够精练，译名较长，但只有这样才能较全面地反映出菜名的物质内容和历史文化内涵。

2. 一些人物菜名还可采取直译加意译的办法。

例如：

麻婆豆腐　Ma Po's beancurd (stir-fried beancurd in hot sauce, invented by a pockmarked old woman in Qing Dynasty)

太白鸭　Taibai's duck (steamed duck, named after Li Bai who was a poet in Tang Dynasty)

文思豆腐　Wensi's beancurd soup (Beancurd soup, invented by a monk, Wensi in Qing Dynasty)

3. 少数人物菜名可意译。

例如：

贵妃鸡　Highest-ranking imperial concubine chicken (stewed

chicken, invented in Qing Dynasty and named after Lady Yang who was highest-ranking imperial concubine in Tang Dynasty)

叫花子鸡 Beggar's chicken (toasted in lotus leaf and earth mud chicken, invented by two beggars in Qing Dynasty)

（二）以地名命名

以地名命名菜肴主要反映地方特产，烹调技艺和风味。下面介绍以地方命名菜肴的三种译法。

1. 这类菜名通常采用地名直译与原料意译的方法。

例如：

广东香肠 Guangdong sausage

德州扒鸡 Dezhou grilled chicken

西湖牛肉羹 West Lake thick beef soup

平桥豆腐 Pingqiao beancurd

2. 这类菜名反映地方风味时，翻译时可在地名后加词 style（风味）。

例如：

北京酱牛肉 Beef cooked in soy sauce, Beijing style

四川虾仁 Fried shrimp, Sichuan style

扬州炒饭 Fried rice, Yangzhou style

广州文昌鸡 Wenchang chicken, Guangzhou style

3. 菜名中的原料为地方名产时，其译法为：烹调方法 + 地名原料。

例如：

北京烤鸭 Roast Beijing duck

南京板鸭 Steamed Nanjing duck

（三）以菜肴的形、色、味命名

1．“形”指菜肴的形状，如“灯影牛肉”薄如纸，明如玉磬，能在灯影下照出物象，故取此名。这类菜名要意译，反映出菜的形状。

例如：

灯影牛肉　Translucent beef slices

清炖狮子头　Steamed minced pork ball

炒鱼片　Fried fish pieces

炸鸡卷　Fried chicken rolls

2．“色”并非完全指菜肴的颜色，实质上反映的是烹调方法或作料的颜色。这类菜翻译时要用意译的方法，不能用颜色词。

例如：

红烧羊肉　Stewed mutton

白烧鱼翅　Fricassee sharksfin with chicken

3．“味”指菜肴的味道，反映烹调使用的主要调味品。如“西湖醋鱼”用西湖鱼加糖、醋制成，故取此名。意译是翻译这类菜名的最佳方法。

例如：

西湖醋鱼　West Lake vinegar fish

盐水虾　Salted prawns

五香牛肉　Spiced beef

辣黄瓜条　Cucumber slices with chili

黄焖豆腐　Braised beancurd

红煨牛肉　Stewed beef

（四）以吉祥语命名

这类菜名往往悦耳动听，象征着吉祥如意，反映出人们一种趋吉的文化心理。但吉祥美丽的词实际上指菜肴的某种原料。这类菜名翻译时通常采用意译的方法。

例如：

（1）“芙蓉”指“蛋青”（egg white）。

芙蓉燕窝　Egg white with bird's nest

芙蓉鱼片　Fish slices with egg white

（2）“翡翠”指“青菜”（vegetable）。

翡翠虾仁　Shrimp with green vegetable

翡翠羹　Vegetable soup

（3）“什锦”意思是含有“各种各样”的成分（assorted 或 mixed）。

什锦蛋炒饭　Fried rice with mixed meat and egg

什锦锅面　Pot noodles with assorted meat

（五）以数字命名

这类菜名中的数字表示做菜所用原料的品种。翻译时一般只译出菜肴所含原料的数量。

例如：

炒三丝　Fried three slices

八宝冬瓜汤　Eight-treasures winter melon

三鲜鲍鱼　Abalone with three shredded ingredients

但是，有些英译名采用了列举所用原料的方法。例如：

扒三白　Braised fish, chicken and bamboo shoot tips

烧二冬　Braised bamboo shoots and mushrooms

（六）以烹饪方法命名

中国菜肴的烹饪方法以炒、蒸为主，辅以煮、烤、煎、炸等。每一种烹饪方法都可分成若干细别，如“炒”可包括爆炒、清炒、熬炒、煸炒、抓炒、小炒、生炒、熟炒、干炒、软炒、老炒、托炒、熘炒以及炸、煎、熘、爆等。翻译时，汉语中这么多的炒法在译成英语时只用 fry（炒）一个词就可以表达。反过来，汉语中一个“烧”字英语中则要用“roast, grilled, braised”等词语表达。因此，翻译以烹饪方法命名的菜名时要注意汉英两种语言在表达上的差异，选用内涵概念一致的词语。

例如：

（1）炒、炸、煎、爆（fried）

炒肉片 Fried pork slices

炸鸡 Deep-fried chicken

煎咸鱼 Fried salted fish

熘鸡脯 Fried chicken breast

葱爆牛肉 Quick-fried pork and scallions

（2）烧（roast, grilled, braised, saute）

烧鹅 Roast goose

烧东南 Grilled winter melon（white gourd）and pumpkin

烧牛肚 Braised tripe

烧三鲜 Saute three delicacies

（3）蒸、清蒸（steamed）

蒸螃蟹 Steamed crabs

清蒸甲鱼 Steamed soft-shelled turtle

气锅油鸡 Steamed chicken

（4）炖、烩、焖（stewed）

清炖甲鱼 Stewed soft-shelled turtle

烩羊肉 Stewed mutton

黄焖大虾 Stewed prawns

二 西方菜名与翻译

西方人在饮食方面注意饭菜可口，经济实惠。因此，与中式菜肴相比，西式菜的品种较少，名称来源也主要以国名、地名、原料等命名。例如，西班牙牛肚，法国锅菜，波伦亚少司（意大利），汉堡包（德国），啤酒焖牛肉（美国）等。

然而，一些西方食品的名称也包含着丰富的历史文化内涵。例如，据说当时美国人的祖先从英国移民北美新大陆后，遇到无粮、缺药、天气严寒种种困难，正在绝望之际，忽然从远方飞来一大群火鸡，使他们得到食物，才得以绝处逢生。人们认为这火鸡是上帝赐予的，因而要感恩戴德，遂形成在感恩节吃火鸡的习俗。

至于西方食品的翻译问题，人们看法不一，译法各异。有人用汉语中对应食品名称译西方食品。如 sandwich 译成“肉夹馍”，hamberg 译成“牛肉饼”。然而，人们普遍认为这种译法不妥。西方食品的译名应保持“洋味”，反映西方饮食文化。鉴于此，大部分西方食品可采用意译 + 音译的办法。

例如：

Potato salad　土豆沙拉

Ham sandwich　火腿三明治

Cheese omelette　计司（乳酪）炒鸡蛋

Shrimp toast　鲜虾吐司

Vanilla pudding　香草布丁

Rabbit pie　兔肉批（饼）

Fried beef slices with mushroom sauce　煎牛肉片蘑菇少司(酱汁)

Vegetable curry　什菜咖喱

第二节　中华茶文化

一　概述

茶是一种常绿灌木，属山茶科，主要生长在中国西南部和印度北部地区。

茶（叶）中含有咖啡碱、茶碱、鞣酸、挥发油等。泡水喝，是一种上品饮料，有兴奋大脑和心脏的作用，还有杀菌利尿、调整糖代谢、降血脂、助消化等作用。

茶是我国最早发现的。相传在公元前2737年至前2697年间，炎帝神农氏发现了茶树，并将茶叶用为解毒治病的药料。据秦汉时期成书的《神农本草经》记载："神农尝百草，日遇七十二毒，得荼①而解之"。这是迄今为止世界上最早关于发现茶树和利用茶叶的文献记录。据此推算，茶在我国已有四千多年的历史。然而，一直到了西汉时期，茶叶才开始从古代解毒治病的药物转为款待宾客的饮料。从此，掀开了人类饮茶的历史。饮茶之风在三国至南北朝时盛行起来，到了隋唐时期成为风俗，延续至今。

中国是茶的故乡。从5世纪起，中国茶逐渐走向世界。中国汉字"茶"也被译成各国文字，而且都是根据中国广东话"cha"和福建厦门话"te"音译而成。

根据广东话"cha"音译的有：

俄语　ча-й

葡萄牙语　cha

阿拉伯语　chai

波斯语　cha

土耳其语　chay

保加利亚语　chi

---

① 荼（tú），茶的古称。据考证，唐以前"茶"的名称除"荼"外还有"槚"(jiǎ)，"蔎"（shè，茶的四川古称），"茗"（míng，茶的云南古称），"荈"(chuǎn，最晚年的茶）等。唐代陆羽著《茶经》时，将"荼"改写成"茶"，统一了"茶"的命名。

根据福建厦门话“te”音译的有：

英语 tea

法语 the

拉丁语 thea

瑞典语 te

德语 thee

芬兰语 tee

意大利语 te

世界语 teoa

二 中国茶俗与翻译

从古到今，茶是中国人最喜欢喝的饮料。饮茶不仅是人们的一种物质生活，而且是一种精神享受。饮茶不仅提高了中国人的生活情趣，丰富了他们的精神文化生活，并逐渐形成了丰富多彩的茶俗文化。

（一）茶具

古代人们对盛茶之器具十分讲究。《红楼梦》第四十一回“栊翠庵茶品梅花雪”里，妙玉用六种不同的茶具看人待客。

例 1：

只见妙玉亲自捧了一个海棠花式雕填金云龙献寿的小茶盘，里面放了一个**成窑**[①]**五彩小盖盅**，捧与贾母。

译文一：

Pao-yu watched the proceedings carefully. He saw Miao-yu bring out in her own hands a carved lacquer tea-tray in the shape of crab-

① “成窑”是明代成化年间官窑所出的瓷器，瓷质精细，制法奇巧，以五彩小件为独胜。

apple blossom, inlaid with a golden design of the "cloud dragon offering longevity." On this was a covered gilded polychrome bowl made in the Cheng Hua period (1465—1487), which she offered to the Lady Dowager.

（杨宪益　译）

译文二：

Having heard a good deal about her, Bao-yu studied her very attentively, when she arrived back presently with the tray. It was a little cinque-lobed lacquer tea-tray decorated with a gold-infilled engraving of a cloud dragon coiled round the character for 'longevity'. On it stood a little covered tea-cup of Cheng Hua enamelled porcelain. Holding the tray out respectfully in both her hands, she offered the cup to Grandmother Jia.

（霍克斯　译）

例 2：

然后众人都是一色官窑①**脱胎填白碗**。

译文一：

All the others had melon-green covered bowls with golden designs of new Imperial kiln porcelain.

（杨宪益　译）

译文二：

The others were now served tea in covered cups of 'sweet-white' eggshell China.

（霍克斯　译）

---

① "官窑"是北宋五大名窑之一，窑场在北宋首都汴京（今河南开封），是专供御用的瓷器。

例 3：

又见妙玉另拿出两只杯来。一个旁边有一耳，杯上镌着"**瓟瓟斝**"① 三个隶字，后的一行小真字是"晋王恺珍玩"，又有"宋元丰五年四月眉山苏轼见于秘府"一行小字。妙玉斟了一斝，递与宝钗。那一只形似钵而小，也有三个垂珠篆字，镌着"**点犀盉**"②。妙玉斟了一盉于黛玉，仍将前番自己常日吃茶的那只**绿玉斗**③来斟与宝玉。宝玉笑道："常言'世法平等'，她两个就用那样古玩奇珍，我就是个俗器了。"妙玉道："这是俗器？不是我说狂话，只怕你家里未必找得出这么一个俗器来呢。"宝玉笑道："俗说'随乡入乡'，到了你这里，自然把那金玉珠宝一概贬为俗器了。"妙玉听如此说，十分欢喜，遂又寻出一只**九曲十环一百二十节蟠虬整雕竹根的一个大盏**④出来，笑道："就剩了这一个，你可吃得了这一海？"

译文一：

Then he saw Miao-yu produce two cups, one with a handle and the name in uncial characters: Calabash Cup. In smaller characters it bore the inscriptions "Treasured by Wang Kai of the Tsin Dynasty" and "In the fourth month of the fifth year of the Yuan Feng period (1082) of the Sung Dynasty, Su Shih of Meishan saw this cup in the Imperial Secretariat." Miao-yu filled this cup and handed it to Pao-chai. The other, shaped like a small alms bowl, bore the name in the curly seal script: "Rhinoceros Cup". Having filled this for Tai-yu, she offered Pao-yu the green jade beaker that she normally drank from

---

① 瓟（bán）、瓟（pāo）、斝（jiǎ）都是一种葫芦制成的杯子。

② 点犀盉（qiāo）是用犀牛角制成的饮器。

③ 绿玉斗是用绿玉雕成的有柄的饮茶具。

④ 九曲十环一百二十节蟠虬整雕竹根大盏是刻有盘龙（蟠虬）的竹根杯。

herself.

"I thought that according to Buddhist law all men should be treated alike," said Pao-yu with a grin. "Why give me this vulgar object when they get such priceless antiques?"

"Vulgar object!" retorted Miao-yu. "I doubt if your family could produce anything half as good, and that's not boasting either."

"As people say, 'Other countries, other ways.' here with a person like you, gold, pearls, jade and jewels must all count as vulgar."

Very gratified by this remark, Miao-yu produced a huge goblet carved out of a whole bamboo root which was covered with knots and whorls.

"Here's the only other one I have," she said. "Can you manage such a large one?"

（杨宪益　译）

译文二：

He watched her as she got cups out for the girls. One of them, a cup with a handle, had

THE PUMPKIN CUP

carved in *li-shu* characters on one side and

Wang Kai his Treasure

in little autograph characters on the back, followed by another column of tiny characters:

Examined by Su Dong-po in the Inner Treasury

Fourth month Yuan-feng era anno 5

When she had poured tea into this cup she handed it to Baochai.

The other cup was shaped like a miniature begging-bowl and was inscribed with the words

THE HORN LINK GOBLET

in "pearl-drop" seal script. Adamantina filled it and handed it to Dai-yu.

She poured tea for Bao-yu in the green jade mug that she normally drank from herself. Bao-yu commented jokingly on the choice:

"I thought you religious were supposed to treat all earthly creatures alike. How comes it that the other two get priceless heirlooms to drink out of but I only get a common old thing like this?"

"I have no wish to boast," said Adamantina, "but this 'common old thing' as you call it may well be more valuable than anything you could find in your own household."

"In the world's eyes, yes," said Bao-yu. "But 'other countries, other ways', you know. When I enter your domain, I naturally adopt your standards and look on gold, jewels and jade as common, vulgar things."

Adamantina glowed with pleasure. In place of the jade mug she hunted out a large drinking-bowl for him to drink out of. It was carved from a gnarled and ancient bamboo root in the likeness of a coiled-up dragon with horns like antlers.

"There, that's the only thing I've got left. Do you think you can drink so much?"

（霍克斯　译）

这里，茶具不仅是一种容器，而且是一件件精美无比的艺术品。这些茶具历史久远，质地上乘，精制细雕。人们用这么精美的茶具饮茶简直是一种美的享受。两种译文中，杨译把握得很好，译出了茶具的历史年代，揭示了其历史文化内涵。

（二）品茶

品茶是一种修养。品茶者须有高尚情趣，懂得并能领略茶中的色、香、味。

例如：

贾母便吃了半盏，笑着递与刘姥姥说："你尝尝这个茶。"刘姥姥便一口吃尽，笑道："好是好，就是淡些，再熬浓些更好了。"贾母众人都笑起来。

（《红楼梦》第四十一回）

译文一：

The Lady Dowager drank half the bowl and passed the rest with a twinkle to Granny Liu, urging her to taste the tea. The old woman drank it straight off.

"Quite good, but a bit on the weak side," was her verdict, which made everyone laugh. "It should have been left to draw a little longer."

（杨宪益 译）

译文二：

After drinking half, Grandmother Jia handed the cup to Grannie Liu.

"Try it," she said. "See what you think of it."

Grannie Liu gulped down the remaining half.

"Hmn. All right. A bit on the weak side, though. It would be better if it were brewed a little longer."

Grandmother Jia and the rest seemed to derive much amusement from these comments.

（霍克斯 译）

作者在这里把贾母和刘姥姥"吃茶"姿态描写得淋漓尽致，

形成鲜明对照。刘姥姥“一口吃尽”显得很粗俗，并认为上等的“老君眉”味道太淡，众人感到十分好笑。霍译文用“gulped down”（狼吞虎咽）把刘姥姥喝茶粗俗的姿态表现得惟妙惟肖。

再如：

妙玉谈及饮茶时说：“岂不闻‘一杯为品，二杯即是解渴的蠢物，三杯便是饮牛饮骡了’。”

（《红楼梦》第四十一回）

译文一：

Have you never heard the saying: “First cup to taste, second to quench a fool's thirst, third to water an ox or donkey”?

（杨宪益 译）

译文二：

You know what they say: “One cup for a connoisseur, two for a rustic, and three for a thirsty mule”

（霍克斯 译）

妙玉所言不无道理。品茶与现实功利（解渴）有一定的距离，是一种精神享受。大量饮茶只能够满足人们生理需求，与品茶所追求的审美和艺术价值背道而驰。原文中的“一杯……二杯……三杯……”表示数量，霍译“one cup... two ... three ...”很确切。

（三）烹茶用水

茶作为一种饮料，水质的重要性是不言而喻的。水是茶色、香、味的载体。选择佳水烹茶待客十分富有情趣。

例如：

妙玉给贾母上茶后，贾母问是什么水，妙玉回答“是旧年蠲的雨水。”

（《红楼梦》第四十一回）

译文一：

"What water have you used?"

"Rain-water saved from last year."

（杨宪益　译）

译文二：

Grandmother Jia took the tea and inquired what sort of water it had been made with.

"Last year's rain-water," said Adamantina.

（霍克斯　译）

妙玉用旧年雨水烹茶招待贾母这样的贵客，可见旧年雨水是烹茶的上乘用水。

再如：

妙玉与宝钗、黛玉、宝玉、品"体已茶"时，黛玉问，"这是**旧年的雨水**？"妙玉冷笑道："你这么个人，竟是大俗人，连水也尝不出来。这是五年前我在玄墓蟠香寺住着，收的**梅花上的雪**，共得了那一鬼脸青的花瓮一瓮，总舍不得吃，埋在地下，今年夏天才开了。我只吃过一回，这是第二回了。你怎么尝不出来？隔年涓的雨水哪有**这样轻浮**，如何吃得？"

（《红楼梦》第四十一回）

译文一：

"Is this made with last year's rain-water too?" asked Tai-yu. Miao-yu smiled disdainfully.

"Can you really be so vulgar as not even to tell the difference? This is snow I gathered from plum-blossom five years ago while staying in Curly Fragrance Nunnery on Mount Hsuanmu. I managed to fill that whole dark blue porcelain pot, but it seemed too precious to use so I've kept it buried in the earth all these years, not opening it till this summer. Today is only the second time I've used it. Surely you can taste the difference? How could last year's rain-water be as light and pure as this?"

（杨宪益 译）

译文二：

"Is this tea made with last year's rain-water too?" Dai-yu asked her.

Adamantina looked scornful.

"Oh! Can you *really* not tell the difference? I am quite disappointed in you. This is melted snow that I collected from the branches of winter-flowering plum-trees five years ago, when I was living at the Coiled Incense temple on Mt Xuan-mu. I managed to fill the whole of that demon-green glaze water-jar with it. For years I couldn't bring myself to start it; then this summer I opened it for the first time. Today is only the second time I have ever used any. I am most surprised that you cannot tell the difference. When did stored rain-water have such buoyant lightness? How could one *possibly* use it for a tea like this?"

（霍克斯 译）

显然，用陈年收藏的梅花雪水烹茶比旧年涓的雨水更胜一筹。其中的学问是，水的轻重决定水质。所谓"水轻"是指水中杂质和可溶性物质较少。清乾隆皇帝提出这个标准后命人量得京西玉泉山之水为泉水中最轻者，遂定玉泉为第一，作玉泉山天下第一泉记。又量雪水较玉泉水轻三厘，因此，雪水的水质最好。妙玉烹茶用水是从梅花上收集的雪水并埋在地下陈藏五年，那更是美妙无比。译文一用"light and pure"表达原文中梅花雪水"轻浮"的含义，切中了要害。

（四）茶与婚俗

在古代，我国许多地区和民族都流行以茶为礼的各种婚姻风俗。茶与婚俗的联系，据明代陈耀文所著《天中记·种茶》中说："凡茶树必下籽，移植则不复生，故俗聘妇以茶为礼，义固有所取也。"就是说，茶树必须靠茶籽播种，移植不能成活，以茶作为聘礼（定茶），意味着永结良缘，百年合好。《红楼梦》中对这种以茶为礼的风俗有所记载。

例如：

王夫人听了想起来还是前次给甄宝玉说了李绮，后来**放定下茶**，想来此时甄家要娶过门。所以李婶娘来商量这件事情，便点点头儿。

（《红楼梦》第一一八回）

译文：

Lady Wang realized that since a match had been arranged and betrothal gifts exchanged between Chen Pao-yu and Li Wan's cousin Li Chi, the Chen family must be wanting to go ahead with the marriage and Aunt Li had come to discuss this.

（杨宪益　译）

再如：

凤姐与黛玉开玩笑说，"你既**喝了我们家的茶**，怎么还不**给我们家作媳妇**。"

（《红楼梦》第二十五回）

译文：

"Drinking our family tea, a daughter-in-law to be!"

（杨宪益　译）

原文中的"放定"即订婚。旧俗男女订婚，男家要向女家送礼物，其中必须有茶叶，故称为"下茶"，又称"吃茶"。译文"betrothal gifts"没有能反映出原文"放定下茶"的文化内涵。

（五）中国茶名与翻译

中国产茶历史悠久，茶的种类齐全，品种繁多，名茶荟萃。就这些名茶的名称来说，通常是以茶的产地，或以茶形、茶汤、功能种类等命名。

例如：

贾母道："我不吃六安茶。"

妙玉笑道："知道，这是老君眉。"

（《红楼梦》第四十一回）

译文一：

"I don't drink Liuan tea," said the old lady.

"I know," replied Miao-yu smiling. "This is Patriarch's Eyebrows."

（杨宪益 译）

译文二：

"I don't drink Lu-an tea," said Grandmother Jia.

"I know you don't", said Adamantina with a smile. 'This is old Man's Eyebrows.'

（霍克斯 译）

这里提到的两种茶都是中国传统名茶。"六安茶"[①] 以产地命名，"老君眉"[②] 以茶形、功能命名。两种译文都对前一种茶名采用了音译，对后一种茶名采用意译。这无疑是正确的。

1. 可音译的茶名有：

龙井茶（浙江） Longjing tea

---

① 六安茶产自安徽霍山县，历代沿作贡品，享有盛名。因霍山过去属六安郡，故称六安茶。

② 老君眉是湖南洞庭湖的君山所产的毛尖茶。由于茶形如老人的长眉，故名老君眉，带有增寿之意，特别受到老人的喜爱。

黄山毛峰茶（安徽）　Huangshan maofeng tea

蒙顶茶（四川）　Mengding tea

惠明茶（浙江）　Huiming tea

紫阳茶（陕西）　Ziyang tea

南京雨花茶（江苏）　Nanjing Yuhua tea

2. 可意译的茶名有：

红茶　Black tea

绿茶　Green tea

乌龙茶　Oolong tea

（茉莉）花茶　Jasmine tea

砖茶　Brick tea

白毫茶　Pekoe

菊花茶　Chrysanthemum tea

3. 一些茶类前加产地构成的茶名须采用音译＋意译的方法。例如：

祁门红茶（安徽）　Qimen black tea

婺源绿茶（江西）　Wuyuan green tea

信阳毛尖（河南）　Xinyang green tea

铁观音（福建）　Iron Buddhist（A variety of Oolong tea）

苏州花茶（江苏）　Suzhou jasmine tea

三　茶与外国文化

中国茶叶和饮茶习惯从5世纪起开始传播到国外，17世纪起传遍全球，逐步发展成世界性茶文化。

（一）日本茶道

谈到茶与世界文化，不能不提及日本茶道。它是世界茶文化中的一朵奇葩。

日本茶道起源于16世纪。出身富商之家的千利休（1522—1591）把饮茶习惯与禅宗教义相结合，发展成为茶道。按照茶道教义，茶道是终生修养之道。千利休曾用“和、敬、清、寂”四个字来概括他倡导的“茶道”精神。“和”，就是人们相互友好，彼此合作，保持和平；“敬”，就是互相尊敬，爱护老人和晚辈；“清”，即清洁，清静，不仅眼前之物要清洁，而且心灵要清净；“寂”，就是达到茶道的最高审美境界：幽闲。因此，茶道不是简单的饮茶，其中包括了丰富的精神文化内容——道德观念和审美情趣。

茶道作为一种仪式，有一整套严整的规范。根据举行时间，一般分为四种茶道：朝茶（上午7时）、饭后茶（上午8时）、消昼茶（中午12点）和夜话茶（下午6点）。茶道包括主人迎客、客人进茶室、主人烧茶、主客饮茶、客人谢茶、主人送客等程序，每个环节有严格的规矩。

“茶道”一词译成英语为“Tea Ceremony”。

（二）茶与美国

美国人最喜欢喝的饮料是咖啡，而不是茶。但是茶在美国的政治文化史上却有着相当重要的一页。

17世纪初，英国通过制定殖民地茶叶税法和开办国际性茶叶组织“东印度公司”垄断了世界各地，特别是各殖民国家与地区的茶叶生产和贸易，加强了对殖民地的压迫和剥削。1773年，为了进一步向美洲推销英国茶叶，维护东印度公司的茶叶专卖权益，英国议会通过了旨在实现这一政策的“茶叶条例”。美洲殖民地人民奋起抵制。1773年12月16日，北美殖民地在波士顿城举行了集会抗议，并于当夜将港口内英国船上的茶叶342箱倾入海内。这便是历史上著名的“波士顿茶党案”。从此，英国和北美殖民地间公开的冲突日益扩大和激化。1年4个月后，便爆发了美国独立战争。1776 年 4 月，美利坚合众国宣布成立。1783 年，英国政府被迫正式承认，美洲 13 个殖民地终于脱离英国而取得了独立。由茶引起的这场政治风云给世界历史带来了巨大变化。

（三）英国茶俗

中国茶叶 17 世纪传入英国。从此，饮茶逐渐在英国形成习俗。英国的“午后茶”（afternoon tea）世界闻名。

午后茶大约始于 19 世纪初期。据说由一位名叫柏福德的公爵夫人首创。这位夫人喜欢饮茶。她觉得每天午餐和晚餐之间相隔的时间太长，于是有一天午后（4 点钟），邀请几位亲朋好友前来喝茶聚会。虽然仅是红茶一杯，在茶内略加一点白糖、牛奶，并供给若干糕点而已，却既解渴，又充饥，还联络感情，可谓一举三得；而且简单又有情趣，经济而又实惠，大受欢迎。后来上流社会纷纷仿效，遂成习俗。

另外英国还有一种 high tea 或（meat tea），是下午五至六时之间有肉食、冷盘的正式茶点。

第三节　世界酒文化

酒是一种世界性的饮料。酒文化是指人类创造的与酒直接相关的物质产品和精神财富。现代人类文化学研究表明，酒文化几乎与人类文明的起源同步，并涉及人类文明的各个领域。酒文化不仅在人类文明发展史上留下了辉煌的篇章，而且至今仍魅力无穷。

关于世界酒文化有一个故事：在一次盛大的宴会上，中国人、俄国人、法国人、德国人、意大利人争相夸耀自己民族的文化传统，唯有美国人笑而不语。为了使自己的表述更加形象，更有说服力，他们纷纷拿出具有民族特色、能够体现民族悠久历史的实物——酒，来彼此相敬。中国人首先拿出古色古香，做工精细的茅台，打开瓶盖，香气四溢，众人为之称道。紧接着，俄国人拿出了伏特加，法国人拿出大香槟，意大利人亮出葡萄酒，德国人取出威士忌，众彩纷呈。最后，大家都看着美国人。美国人不慌不忙地站起来，把大家先前拿出的各种酒都倒出一点，兑在一起，说："这叫鸡尾酒，它体现了美国的民族精神——博采众长，综合创新。"这说明酒最能代表一个民族的文化精神，蕴藏着人类的文明智慧。

一　中国酒文化

中国在历史上是一个文化古国，是世界上最早酿酒和饮酒的国家之一，对人类酒文化的发展作出了特殊贡献，并形成了内容丰富的中国酒文化。

关于酒的发明自古以来有许多传说。其中一则传说把酒的发明和"酒"字的起源联系在一起，非常动人。据说，有一次杜康放羊遇到大雨，急忙赶羊下山，竟把盛放干馍馍的竹筒忘在山上了。七天以后，杜康又来山上放羊，找回竹筒，只闻得一阵扑鼻的香味，仔细一看，馍馍没有了，剩下的是清澈晶莹的汁液。他用口一尝，甘甜异常，于是连忙带回村里，给乡亲们品尝。乡亲们连声称赞，并且东一言西一语地要给这汁水起个美名。杜康说："这汁水是久雨而得，今年又是酉鸡之年，'酉'年得水，配成"酒"字，我看再取个'久'的读音，就算这汁水的名字吧。"大伙一致赞同，于是人间从此就有了"酒"。

（一）酒与文学艺术

中国历史上的文人，几乎无人不嗜酒，从屈原、孔融、刘桢、阮籍到杜甫、白居易、陆游、黄庭坚、曹雪芹、蒲松龄等。然而最具代表性的是唐代两位文人。一位是大诗人李白。他自己说“百年三万六千日，日日须倾三百杯”，还自称“醉仙”。他主张，“人生得意须尽欢，莫使金樽空对月”；“将进酒，杯莫停”；“但愿长醉不复醒”。另一位是草书大家张旭。经常饮酒大醉，呼喊狂走，因此得名“张颠”。三杯酒下肚，他便无视贵族尊严，在王公面前脱帽露顶，奋笔疾书，字若云烟，舒卷自如，酒使他的书法艺术出神入化。可见，酒能激发文人的创作灵感，使其处于最佳状态。“李白斗酒诗百篇”就是有力的证明，并一直被传为佳话。历史上文人不仅好酒，同时还以酒为题材创作了大量文艺作品，丰富了中华文化艺术宝库。下面我们以唐代诗歌为例讨论酒题材作品翻译中的文化问题。

例如：

月下独酌

李　白

花间一壶酒，独酌无相亲。
举杯邀明月，对影成三人。
月既不解饮，影徒随我身。
暂伴月将影，行乐须及春。
我歌月徘徊，我舞影零乱。
醒时同交欢，醉后各分散。
永结无情游，相期邈云汉。

译文一：

An arbor of flowers
　and a kettle of wine:
Alas! in the bowers
　no companion is mine.

Then the moon sheds her rays
  on my goblet and me,
And my shadow betrays
  we're a party of three!
Though the moon cannot swallow
  her share of the grog,
And my shadow must follow
  wherever I jog,
Yet their friendship I'll borrow
  and gaily carouse,
And laugh away sorrow
While spring-time allows . . .

(Giles 译)

译文二：

From a pot of wine among the flowers
I drank alone. There was no one with me—
Till, raising my cup, I asked the bright moon
To bring me my shadow and make us three.
Alas, the moon was unable to drink
And my shadow tagged me vacantly;
But still for a while I had these friends
To cheer me through the end of spring . . .
I sang. The moon encouraged me.
I danced. My shadow tumbled after.
As long as knew, we were boon companions.
And then I was drunk, and we lost one another.
. . . Shall goodwill ever be secure?

I watch the long road of the River of Stars.

（译者不详）

这首诗中，诗人通过饮酒抒发自己的情感。诗人运用丰富的想象，表现出一种由独而不独，由不独而独，再由独而不独的复杂情感。表面看来，诗人真能自得其乐，可实际是无限凄凉。译文二表达得很直白，没有能够深入地发掘诗中的深刻意义。译文一将诗的内容和韵律相结合，不仅译出诗的思想内涵，还讲究押韵，译得比较完美。

事实上，汉语中以酒为题材的作品大多是表现作者借酒消愁或发泄不满情绪。英语译文应反映出这种思想情感。

（二）酒令——中国酒文化的重要组成部分

以酒待客、以酒交友是我国人民传统的社交礼仪风俗。人们置办各种类型的酒席，款待亲朋好友，以此联络友情，增进亲情。为了能使参宴者得到充分享受，人们往往在席间用行酒令、划拳等方式来活跃宴会气氛，延长饮酒时间。《红楼梦》中多处涉及这种饮酒的风俗。

1. 雅令

雅令，顾名思义，就是酒令很文雅。这种酒令，上至圣书贤传，下至词曲小说，几乎涉及中国所有典籍，内容十分丰富，文化品位很高。《红楼梦》第二十八回中贾宝玉在冯紫英宴会上便倡议此令：

宝玉笑道："听我说来：如此滥饮，易醉而无味。我先喝一大海，发一新令，有不遵者，连罚十大海，逐出席外与人斟酒。"冯紫英、蒋玉菡等都道："有理，有理。"宝玉拿起海来一气饮干，说道："如今要说悲、愁、喜、乐四字，却要说出女儿来，还要注明这四字原故。说完了，饮门杯。酒面要唱一个新鲜时样曲子；酒底要席上生风一样东西，或古诗、旧对、《四书》

《五经》成语。”薛蟠未等说完，先站起来拦道：“我不来，别算我。这竟是捉弄我呢！”云儿也站起来，推他坐下，笑道：“怕什么？这还亏你天天吃酒呢，难道你连我也不如！我回来还说呢。说是了，罢；不是了，不过罚上几杯，哪里就醉死了？你如今一乱令，倒喝十大海，下去斟酒不成？”众人都拍手道妙。薛蟠听说无法，只得坐了。听宝玉说道：“女儿悲，青春已大守空闺。女儿愁，悔教夫婿觅封侯。女儿喜，对镜晨妆颜色美。女儿乐，秋千架上春衫薄。”

众人听了，都道：“说得有理。”薛蟠独扬着脸摇头说：“不好，该罚！”众人问：“如何该罚？”薛蟠道：“他说的我通不懂，怎么不该罚？”云儿便拧他一把，笑道：“你悄悄地想你的罢。回来说不出，又该罚。”于是拿琵琶听宝玉唱道：

滴不尽相思血泪抛红豆，开不完春柳春花满画楼，睡不稳纱窗风雨黄昏后，忘不了新愁与旧愁，咽不下玉粒金莼噎满喉，照不见菱花镜里形容瘦。展不开的眉头，捱不明的更漏。呀！恰便似遮不住的青山隐隐，流不断的绿水悠悠。

唱完，大家齐声喝彩，独薛蟠说无板。宝玉饮了门杯，便拈起一片梨来，说道：“雨打梨花深闭门。”完了令。

译文：

...

“Now,” he said, “you must all make four lines about a girl’s sorrow, her worry, her joy and her delight, explaining the reason for each. Then you must drink a cup of wine, sing a new popular song, and recite either a line from an old poem or couplet, or a saying from the *Four Books* or the *Five Classics* connected with some object on the table.”

Before he had finished Hsueh Pan was on his feet protesting.

"I'm not doing that. Count me out. You just want to make fun of me."

Yun-erh stood up to push him back on to his seat.

"What are you afraid of?" she teased. "Don't you drink every day? Aren't you even up to me? I'm going to join in. If you do all right, well and good; if not, it won't kill you to drink a few cups. Or would you rather refuse and have to drink ten goblets and wait on the rest of us?"

All clapped their approval and Hsueh Pan had to subside. Pao-yu began:

"The girl's sorrow: Youth is passing but she remains single."

"The girl's worry: Her husband leaves home to make his fortune."

"The girl's joy: Her good looks in the mirror in the morning.

"The girl's delight: Swinging in a light spring gown."

All cried "Good!" except Hsueh Pan, who shook his head. "No good," he growled. "He ought to pay a forfeit."

"Why?" asked the others.

"Because I didn't understand a word."

Yun-erh gave him a pinch.

"Be quiet and think out your lines. If you don't, *you'll* be the one to pay a forfeit."

She accompanied Pao-yu on the *pipa* as he sang:

Like drops of blood fall endless tears of longing,

By painted pavilion grow willows and flowers untold;

Sleepless at night when wind and rain lash gauze windows.

She cannot forget her sorrows new and old;

Choking on rice like jade and wine like gold,

She turns from her wan reflection in the glass;

Nothing can smooth away her frown,

It seems that the long night will never pass;

Like the shadow of peaks, her grief is never gone;

Like the green stream it flows for ever on.

The only one not to applaud this song was Hsueh Pan.

"You were off beat," he objected.

Pao-yu drained his cup and picked up a slice of pear from the table.

"'Rain buffets the pear blossom and the door is closed,'" he quoted.

（杨宪益 译）

宝玉的这个酒令很完整，构思奇巧。令词和酒面所唱小曲相呼应。酒底引用的古诗与桌上的食品相照应。整个酒令显得文雅，寓意深刻。译文很好地表达了这个酒令。

2. 筹令

筹令是一种用"筹"（令签）才能行的酒令。"令筹"多为市街所售，其上有唐诗或宋词、元曲一句，并注明饮酒条件。《红楼梦》第六十三回"寿怡红群芳开夜宴"的"占花明令"属此类：

说着，晴雯拿了一个竹雕的签筒来，里面装着象牙花名签子，摇了一摇，放在当中。又取过骰子来，盛在盒内，摇了一摇，揭开一看，里面是六点，数至宝钗。宝钗便笑道："我先抓，不知抓出个什么来。"说着，将筒摇了一摇，伸手掣出一签，大家一看，只见签上画着一支牡丹，题着"艳冠群芳"四字，下面又有镌的小字一句唐诗，道是：

任是无情也动人。

又注着："在席共贺一杯，此为群芳之冠，随意命人。不拘诗词雅谑，或新曲一支为贺。"众人看了，都笑说："巧得很，你也原配牡丹花。"说着，大家共贺了一杯。宝钗吃过，便笑说："芳官唱一支我们听罢。"

译文：

As she was speaking, Ching-wen brought in a carved bamboo container filled with ivory slips bearing the names of flowers. Having shaken this she put it down in the middle. Next she brought the dice-box and shook it, and upon opening the box saw that the number on the dice was five. She counted, starting from herself, and Pao-chai being the fifth was the one who should start.

"I' ll draw," said Pao-chai. "I wonder what I shall get."

She shook the container and took out a slip on which they saw the picture of a peony with the words "Beauty surpassing all flowers." Inscribed in smaller characters beneath was the line of Tang poetry, "Though heartless she has charm." The instructions read, "All the feasters must drink a cup by way of congratulations, for this is the queen of the flowers. She can order anyone to compose a poem or tell a joke to enliven the drinking."

"What a coincidence!" all exclaimed laughingly. "A peony is just the flower for you." With that they drank a cup each.

After Pao-chai had drunk she decreed, "Let Fang-kuan sing us a song."

（杨宪益　译）

这种酒令集知识性与趣味性于一体，简便易行。译文从整体上反映了这种酒令的方式和内涵。

3. 划拳

划拳又叫猜拳，是酒令中一种最通俗的形式。这种酒令场面热闹火爆。《红楼梦》第六十二回中对此有生动的描述：

湘云等不得，早和宝玉“三”、“五”乱叫，划起拳来。那边尤氏和鸳鸯隔着席也“七”、“八”乱叫划起来。平儿、袭人也作了一对划拳，叮叮当当只听得腕上的镯子响。一时湘云赢了宝玉，袭人赢了平儿，尤氏赢了鸳鸯，三个人限酒底酒面。

译文：

Meanwhile Hsiang-yuan, too impatient to wait, had started playing the finger guessing game with Pao-yu, shouting “three” or “five” at random. Madam Yu and Yuan-yang, facing each other across the table to play the same game, were shouting now “seven” now “eight.” Ping-erh and His-jen had paired off together too, and were indicating the numbers they guessed with their fingers, which set their bracelets tinkling. Hsiang-yun, beating Pao-yu, was entitled to make him pay forfeits before and after drinking.

（杨宪益 译）

这种酒令两人相对出手，猜对方所伸手指的数目。如其中一人口叫的数字与两人手出的数字相合为胜。译文用“play the finger guessing game”表达出了“划拳”的文化内涵。

（三）中国酒名翻译

中国是世界上最早酿酒的国家之一。高超的酿酒技艺酿造出许多誉满华夏、名扬世界的美酒。茅台、西凤等酒曾多次在国内和国际博览会上获奖，受到国人和外国朋友的赞誉。

中国名酒还有一个显著的特点，就是它与产地的水质和物产有密切联系。例如，茅台镇过去是贵州省供应食盐的码头。18世纪初，一位嗜酒的陕西盐商来这里安家，并带来了一名酒师。

他惊喜地发现用旧配方在茅台镇制作的酒特别甜美①。从那以后，茅台镇的酿酒业日益兴旺起来。茅台酒便扬名天下。

同茅台酒一样，中国许多酒的名称都是以产地名命名的。因此，酒名的翻译应同地名一样，用音译的方法。

例如：

茅台酒（贵州）　Maotai (wine)

西凤酒（陕西）　Xifeng (wine)

汾酒（山西）　Fenjiu (wine)

泸州老窖（四川）　Luzhoulaojiao (wine)

董酒（贵州）　Dongjiu (wine)

剑南春（四川）　Jiannanchun (wine)

双沟大曲（江苏）　Shuanggou (wine)

宝丰酒（河南）　Baofeng (wine)

绍兴酒（浙江）　Shaoxing rice wine

青岛啤酒（山东）　Qingdao beer

烟台红葡萄酒（山东）　Yantai red grape wine

虽然有些酒是以原料等命名，但酒名作为一种品牌，属专名。翻译时仍应用上述音译的方法。

例如：

五粮液②（四川）　Wuliangye (wine)

古井贡酒③（安徽）　Gujinggong (wine)

---

① 茅台酒用赤水河山泉酿造而成。

② “五粮液”即因用高粱、大米、糯米、小麦、玉米五种粮食为原料酿成而得名。

③ “古井贡酒”用有1400年历史的“天下名井”之水酿造，自明朝万历年间（1573—1620）直至清末，一直被列为进献皇帝之贡品，故而得名。

竹叶青酒[①]（山西）　Zhuyeqing（wine）

二　西方酒文化

同中国一样，西方国家酿酒饮酒的历史也非常久远，大约从五六千年以前就开始了，并在这一个漫长的历史时期中形成了千姿百态的酒文化。

（一）鸡尾酒（cocktail）

在西方，鸡尾酒备受人们的青睐。饮鸡尾酒的风尚在西方酒文化中独具魅力，风靡世界。

关于鸡尾酒的来历有两种说法。一说是大约公元 13 世纪时，该酒由法国马赛一条小街里一家父女两人经营的小酒店首创。一说是美国独立战争时，一群军官到一家酒店喝酒，不巧酒已售空，老板娘无奈，便将各种剩酒残汁混合一起，并顺手捡了一根鸡尾毛随意搅拌了几下，然后放入杯中送上，军官们饮后竟然齐口称赞，并亲切地称它为“鸡尾酒”，此后逐渐流传开来。虽然鸡尾酒的起源说法不一，但其调制方法和饮酒的习俗是一致的。鸡尾酒是一种调制的混合酒（mixed wine），通常由两种或两种以上酒掺入鲜果汁或果子露以香料、苦味剂酿制而成。这种酒外观五光十色，香气千变万化，口味抑扬顿挫，酒体幽雅饱满，从色、香、味等方面给人以美的艺术享受。饮鸡尾酒现已成为一种流行于全世界的饮酒交际活动。人们在鸡尾酒会（a cocktail party）上一边站着饮酒，一边自由交谈，毫无拘束。

看来，鸡尾酒从起源、配制到饮酒都充满着文化气息。那么怎样将其译成汉语是一个文化翻译问题。汉语中，这种酒有两种译法。一是将其意译成“混合酒”，一是将其直译成“鸡尾酒”。

---

① 古代竹叶青酒是单纯加竹叶于酒液中浸泡而成，色青味美，故而得名。

两相比较，“混合酒”反映了这种酒的特点，但失去了其文化意义。“鸡尾酒”透视出了这种酒的文化内涵，译得很妙。

（二）外国酒名的翻译

酒是一种全球性的商品。改革开放后，大批“洋酒”涌入我国市场。这些“洋酒”品牌多样，译名优雅，深受国人的欢迎。然而，这些洋酒之所以能畅销中国，与其名称的翻译有很大关系。

下面我们讨论酒等外来商品名称的翻译。

1. 一个好的译名不仅要响亮，而且要表其功能。这样才能使酒等外来商品名声大振，销量倍增。

例如：

法国的 champagne 的中文译名“香槟酒”反映了这种酒清香带甜味的特性，女士特别爱喝，在我国一直畅销不衰。

再如：

德国的 Benz 高级小轿车，中文的旧译名为“本茨”，现改译为“奔驰”。这个译名改得好。“奔驰”不仅读起来响亮，更重要的是反映汽车行驶的特性。事实上，中国及中国香港地区一直是“奔驰”轿车最大的买主。

2. 一个好的译名既要反映外国语言文化特征，又要符合中国人的审美观和文化价值观。

中国商品的名称用两个字命名的居多。如茅台（酒）、长虹（电视）、新飞（冰箱）等。外国商品的英文名称译成汉语后大多都是三个或三个以上汉字。如 Bacardi 译为“百加得”（酒），Marlboro 译为“万宝路”（香烟），Coca-cola 译为“可口可乐”（饮料）等。这样的译名洋味十足，反映了拼音文字的语言特点。另外，这几个译名中含有“百、万、宝、乐”等表示吉祥如意的字眼，符合中国人的审美观和文化价值观。可见，酒等外来商品名称的翻译不单纯是两种语言的转换，实际上是两种文化的融合，是一次再创造。

3. 同其他专名一样，外国酒名通常采用音译的方法。

翻译时根据英文读音，汉字通常选用“威、利、福、发、万、百、宝、力、康、奇、喜、美”等，表示“吉利”，并悦耳动听。例如，Vermouth 是一种以葡萄酒为酒基加入苦艾叶等多种植物性芳香物质制成的药酒，其滋味甜中略带后苦，并富有植物性药材的香味与刺激味。这种酒原来意译为“苦艾酒”，现音译为“味美思”。显然，意译不如音译。

音译的外国酒名有：

Whisky　威士忌

Rum　兰姆酒（又译老姆酒，朗姆酒）

Brox　白朗克司

Daiquiri　得其利

Martini　马丁尼

Gin sling　金司令

Brandy Alexander　白兰地亚利山大

Pernod 45　潘诺 45

Ricard　力加

Sherry　雪利酒

100 Pipers　百笛人

Long John　龙津

Old Parr Deluxe　老伯威

Gin　金酒（又译“杜松子酒”）

Remy X. O. ①　人头马 XO

① X. O. 表示酒酿制的年份在 40 年以上（酒酿制的年代越久，则价值越高）。

当然，外国酒的译名中也不乏像“鸡尾酒”这样意译得好的名称。

再如：

Great Wall Jade　碧玉长城

Pink Lady　粉红女郎

Snow Ball　雪球

Bell's　金铃

Crown Royal　皇冠

Four Roses　四玫瑰

Seven Crown　七皇冠

White Horse　白马

Mandarin Napoleon　橘子拿破仑

总体上讲，酒等外来商品名称的翻译不论是音译还是意译，都必须反映商品的功能，保存译出语民族的语言文化特色，并符合译入语民族的审美观念和文化价值。这是酒等外来商品名称翻译的基本原则。

第九章

《红楼梦》文化翻译研究评述

《红楼梦》是中国文学史上的巅峰之作，也是一部中国文化的百科全书。因此，关于《红楼梦》的“红学”研究在中国文学界和学术界占有十分重要的地位，可谓百家争鸣，引起了极大的反响。同样，怎样把《红楼梦》这部中国文化的杰作翻译和介绍给外国读者，也成为国内外外语界和翻译界共同关注的一个翻译学术研究问题。笔者和寇菊霞曾在《外语教学》2002 年第 2 期发表了《〈红楼梦〉中文化内容翻译探析》一文，经在中国学术期刊网一处查询，文献引用率近 500 次。由此可见中国外语界和翻译界对《红楼梦》文化翻译研究的关注程度。受此启发，本章对中国近 20 年来《红楼梦》文化翻译研究状况进行了较系统的梳理[①]，以便翻译工作者、文化翻译研究人员客观地了解和评价《红楼梦》文化翻译在中国的研究现状和成果，并对其学术研究工作有所借鉴与启示。

---

① 笔者收集了外语核心期刊在 1990—2009 年间刊登的所有以《红楼梦》英译中文化翻译为研究对象的文章共 43 篇，包括《中国外语》、《外语教学与研究》、《外国语》、《外国语言文学》、《外语教学》、《现代外语》、《外语与外语教学》、《外语研究》、《解放军外国语学院学报》、《四川外语学院学报》和《外语学刊》等。

第一节 《红楼梦》文化翻译研究现状

中国外语界和翻译界对《红楼梦》的翻译研究由来已久。19世纪30年代《红楼梦》出现节译、选译，到20世纪70年代以后，出现了英国学者大卫·霍克斯（David Hawkes）的全译本（*The Dream of Golden Days*）以及译中国学者杨宪益夫妇翻译的全译本（*The Dream of Red Mansions*）。可以说，从《红楼梦》的英译本出现开始，关于《红楼梦》翻译的研究就一直没有中断过，直到两个具有代表性的全译本出现之后，《红楼梦》的翻译研究在中国译界轰轰烈烈地开展起来，出现了一批有价值的学术研究成果，标志着《红楼梦》翻译及研究进入了一个新的发展时期。

从纵向的角度分析，《红楼梦》文化翻译的研究经历了零散的、随意的、缺乏论证的研究到现在的系统的、理论性较强的研究的发展过程。早期的《红楼梦》翻译研究更多的关注翻译的语言层面，属于一种随意性和缺乏论证的零散研究，没有形成规模和影响。20世纪80年代以来，翻译的文化转向成为国际翻译界的一场变革。受此翻译研究文化转向的影响，中国研究者们也从多个层面探讨《红楼梦》的文化翻译问题。王宏印的《〈红楼梦〉诗词曲赋英译比较研究》（2001）是系统研究《红楼梦》翻译的良好开端，之后出现了范圣宇的《〈红楼梦〉管窥——英译、语言与文化》，姜其煌的《欧美红学》，刘世聪主编的《〈红楼梦〉翻译研究论文集》，冯庆华的《红译艺坛——〈红楼梦〉翻译艺术研究》、《母语文化下的译者风格：〈红楼梦〉霍克斯闵福德英译本特色研究》，肖家燕的《〈红楼梦〉概念隐喻的英译研究》等。这些都是系统的研究《红楼梦》翻译的专著，其中都有相当的篇幅是研究《红楼梦》的文化翻译的。2008 年裴钰出了一本书《莎士比亚眼里的林黛玉》，对《红楼梦》翻译作了另类的解读，也关注了文化翻译和文化传播的问题。

总体上讲，中国翻译界对《红楼梦》文化翻译的研究大致可以分为两种类型：一是宏观类型的研究，多是集中在文化倾向和翻译策略方面，这种方法突破了以往规定性和文本对等的单一模式，回到历史和文化的背景中，研究《红楼梦》当时翻译的历史，政治、文化和文学思潮的互动关系，体现了以历史的描述和解释为主的科学研究的性质。二是微观层面的研究，多涉及文化信息在文本翻译中的传递，以阐释批评的方式对译作和原作以及它们之间的关系进行评价，对杨译和霍译两种译本进行比较研究，对译作进行审美和文化方面的价值判断。

第二节　宏观层面文化翻译的理论研究

一　文化倾向及翻译策略的研究

文化倾向可以说是《红楼梦》文化翻译研究的传统视角，主要是对杨译和霍译两个译本进行对比研究，从而得出结论，文化倾向影响译者翻译策略的选择，而策略的不同也主要体现在归化与异化上。这是众多研究者得出的共识。刘世、谷启楠早就于 1997 年在《中国翻译》上发表了文化翻译研究的论文——《关于〈红楼梦〉文化内容的翻译》。李国林在 2000 年提出，翻译作为一种语际间的交际，它不仅是语言的转换过程，同时也是文化的移植过程。白靖宇和寇菊霞在 2002 年撰写发表了论文《〈红楼梦〉中文化内容翻译探析》，文中分析了《红楼梦》英译本中佛教、茶俗和酒令三个方面的译文，讨论了文化翻译中所使用的方法，阐述了翻译中文化问题的处理要从词语（微观）

入手，在整体（宏观）上把握，传递文化信息。

此后也有很多研究者对这一方面进行研究，从研究方法来看，这些研究中的大部分试图对比杨译本和霍译本在某方面的特征及其成因，但用以支撑自身理论观点的证据（即具体译例）基本上都是特意抽取的一些具有明显对比特征的翻译实例。大部分研究只是用此方法对前人关于杨译本“异化忠实”、霍译本“归化不忠”的观点进行论证。此外，也有个别研究仅对单个译本作简单的理论或实践分析。

由刘世聪主编的《〈红楼梦〉翻译研究论文集》于2004年出版，收录了《红楼梦》文化翻译研究的论文，其中有何广军、柯文礼合写的《从文化视域看〈红楼梦〉的英译》，文中探讨了《红楼梦》中文化因素的翻译，指出保持原语文化有利于跨文化交流，改变原语文化容易误导读者，取消原语文化形象不利于译语读者品味原文的风格特点。同时还从中西文化融合与《红楼梦》英译的角度分析并得出结论：在翻译过程中，由于语言形式上所具有的稳定性，适合采用归化的策略，遵循译入语的句法结构；而在文化因素的传译过程中，则应努力采用异化的方法，向外传播自身文化。二者的辩证统一将使译文变得更为科学合理，通顺自然。同时指出，在文化融合的发展趋势下，杨译中对文化因素异化处理和霍译中对语言形式的归化操作变得更为重要，二者的辩证统一将会使《红楼梦》译本更加完美。随着中外文化交流的进一步深入，《红楼梦》中的不可译因素必将得以消除，这部鸿篇巨制也必将最终获得全世界范围内读者的喜爱。他的观点代表了文化倾向和翻译策略研究的新动向。

李明2006年撰写论文《操纵与翻译策略之选择——〈红楼梦〉两个英译本的对比研究》，文章从翻译目的、意识形态、翻译诗学、权力关系，译者同原文作者、译者同译文读者等之间相互关系以及社会文化因素如何操纵译者翻译策略的运用出发，对杨宪益夫妇和霍克斯英译的两个《红楼梦》译本进行了对比研究，指出，尽管杨宪益夫妇和霍克斯在翻译《红楼梦》时都在着力再现原著的文化艺术价值、尽可能保留原文内容，但由于他们各自有着不同的翻译目的，不同的“意向读者”，不同的翻译发起人，同时也因他们处于不同的社会背景，因而具有不同的意识形态，再加上他们所处文化间权力关系的不平等，使得他们在翻译策略的选择和运用上呈现出较大的不同，最终产生出风格迥异的翻译文本。他的研究可以说是从比较全面的文化角度探讨《红楼梦》的翻译活动，属于描写性的研究。

左飚于 2009 年发表论文探讨文化翻译的策略及其制约因素，指出杨译本直译较多，霍译本意译较多；前者更注重语义，后者更注重效果；前者偏重异化，后者偏重归化；前者多采用“文化传真”策略，后者多采用“文化适应”策略。译者的文化背景、翻译的目的或任务以及译本的目标读者是确定策略的主要制约因素。这里的“文化传真”、“文化适应”可以说打破了原来归化和异化的二元结构。他还在文章里阐述两种译本对比分析对于文化翻译的启示：作为文化中介人，译者必须培养高度的跨文化交际敏感性，在选择翻译策略时要充分考虑翻译目的、读者对象以及文本性质这三大要素。

姜秋霞、郭来福、杨正军三人 2009 年 7 月在《中国外语》上发表了一篇论文——《文学翻译中的文化意识差异——对〈红楼梦〉两个英译本的描述性对比研究》，文章考察的焦点仍然是民族文化语境的作用。但是从新的视角去研究，方法上也有所创新。文章通过对《红楼梦》的两个英译本的描述性分析，从共时角度对同一历史时期不同民族文化语境下的译者意识形态与其翻译转换策略的关系作一探讨，目的在于对文化意识与翻译的关系有更全面、更深入的认识。具体研究了以下问题：(1) 同一时期不同文化背景下的两位译者在翻译策略选取方面有怎样的倾向性？(2) 文学翻译中文化意识如何影响译者的翻译策略选择？文章中对归化和异化策略的界定沿用韦努蒂对施莱尔马赫的引用：归化策略指翻译中“译者尽量让读者不动，而引导原作者去接近读者”，即译者尽可能向目的语文化靠拢。异化策略指翻译中“译者尽量让原作者不动，而引导读者去接近原作者”，即译者尽可能向源语文化靠拢（Venuti，1995：20）。如果说“归化”是译者尽量考虑读者的一种策略，“异化”是译者尽量考虑原作者的一种策略，那么“同化”则是译者兼顾读者和原作者的一种策略，是指源语和译语的“相互趋向性”（inter-approach），这种“趋向”，并不是向源语或译入语的单方面运动，而是相互“靠近”或“融合”，表现出“趋同性”，一般发生在双语之间具有一定共性基础的转换过程中。而“淡化”则是译者远离原作者和读者，更多考虑自身利益或自我追求的一种策略，是译者个体意识充分显示其主体作用的行为结果。当译者的个体文化意识或翻译追求与社会文化某些方面的意识形态不完全一致或冲突时，译者会对语言文化意象进行适当的改写，运用“隐含”、“部分消解”等方式进行间接的转换，我们把译者的这种改写方式称之为“淡化”策略。可见，“归化”或“异化”策略一般发生在双语文化意象具有差异或不对应，甚至具有冲突之际，是译者采取的一种倾向于单一的、“非此即彼”的单项选择，这种单一倾向既有文化方面的考虑，也有语言方面的考虑；“同化”一般发生在双语之间具有一定共性基础的转换过程中，是译者兼顾源语和译语的一种选择；“淡化”一般发生在译者个体的文化意识或翻译追求与社会文化意识有一定冲突之时，是出于译者自我文化追求考虑的一种选择。

通过以上理论的支撑，加上作者所采集的数据分析，得出了以下结论：（1）受民族、时代文化意识及赞助人意识形态的影响，两位译者对翻译策略的选择呈现出明显不同倾向，杨宪益总体上倾向于“异化”的翻译策略，霍克斯明显倾向于“归化”策略。（2）两位译者各自的翻译策略在政治、宗教和伦理道德三个方面的倾向大体一致、均衡的同时仍存在分布方面的细微差异，表明了意识形态对译者翻译策略影响的复杂性和综合性。（3）社会文化意识对文学翻译转换策略的影响并不局限于“归化”、“异化”的二元结构。在这二元之间，还存在其他中间策略，如“同化”、“淡化”等。“同化”与“淡化”策略的提出，为《红楼梦》文化翻译研究提供了新的视角，在文化融合加快的今天，这两种文化翻译策略的提出，具有相当积极的意义。可以说在文化倾向性和翻译策略的研究方面，这篇论文具有很强的说服力。

近年来，受解构主义和后殖民主义的影响，《红楼梦》的文化翻译研究也出现了这一派别的文章，如彭爱民和陈建平于2007年发表在《北京第二外国语学院学报》上的文章《“异质”成分与文化翻译——析劳伦斯·韦努蒂阻抗式翻译策略在〈红楼梦〉英译中的应用》，作者指出，“异质”成分的保留对翻译过程中文化的传播起着非常重要的作用。劳伦斯·韦努蒂阻抗式翻译策略要求使用非习惯的表达，使译文摆脱目标语文化的束缚。韦努蒂阻抗式翻译策略强调民族之间的文化差异，坚持文化信息的真实性，以保留和反映外国民族语言和文化的特点，使目标语读者理解传统的民族语言和文化的差异。它能有效促进文化交流，丰富本土文化。解构主义者认为，翻译的目的，不是“求同”，而是“存异”，译文的价值取决于它对语言差异的反映程度和对这种差异强调的程度。阻抗式翻译策略就是建立在解构主义翻译理论基础之上的。作者从《红楼梦》的翻译入手，探讨文化翻译中阻抗式翻译策略的运用和对“异质”成分的处理方法 。对“红”文化主线的保留角度分析认为霍克斯译本的读者虽然能享受阅读之乐，却无法了解到像“红”等在整篇小说中的文化意象与作用，没有起到最佳文化传播的作用 。指出译者应多考虑原文的历史背景和政治因素，应尽量通过文化信息的保留和阻抗式翻译策略忠实地再现原文。对于小说中诸多文化因素，译者可以采用音译、直译加注、具体—抽象互化等方法，以尽量保留这些文化“异质”成分。作者在文章中从更高的文化传播角度指出，在中国与西方文化冲突的背景下，要解决以下两方面的难题：一是怎样处理好民族传统文化；二是怎样处理好外国文化。毫无疑问，民族传统文化须继承、发扬和革新，而外国文化须吸收和“扬弃”。中国译者始终不要忘记殖民的传统。殖民主义的文化具有强烈的排他性。以前的翻译通常是殖民强权之间的文化转换，而被殖民国的文化常被鄙视、被排挤，甚至被毁灭。韦努蒂阻抗式翻译策略就是用来抵抗这种不公平的现象，长远来看，通过对源语文化“异质”成分的保留，阻抗式翻译策略有利于文化交流，它在促进不同文化的共同繁荣方面具有永恒的价值和重要的意义。

二 文化意识作用下的译者主体性研究

人们从《红楼梦》两个英译的比较研究发现，两个译本有众多的不同之处，探究其原因，译者主体性是不容忽略的一部分。

《从霍译〈红楼梦〉看译者主体性在文学翻译改写中的表现》这篇文章对《红楼梦》翻译中译者主题性的分析比较透彻。作者通过分析霍克斯翻译《红楼梦》时在意识形态、诗学和赞助人的制控下对原本的选择、读者的选择和翻译策略的选择说明译者主体性（具体表现为译者的文化意识、人文品格和审美创造性）可以影响文学翻译的每个细节乃至其最终结果——译文价值。霍克斯发挥自己创造性的翻译劳动让西方读者全面了解和接受了《红楼梦》，可以说，正是霍的文化意识、人文品格和审美创造性才使得《红楼梦》的译本获得了成功。因此，译文是译者主体精神对象化、客观化的产物，译文体现了译者创造活动的价值，彰显了译者主体性。作者进一步指出，随着经济全球化和文化多元化的发展，人们对于异域文化的认识会更全面更深刻，对外来文化的接纳也会逐步加强，译者在翻译过程中应该尽量淡化意识形态、诗学、赞助人的制约，充分发挥主体性，以便更好地充当原文和译文的媒介，履行译者的职责，促进文化之间的相互交流。这篇文章比较全面地总结了前人如王宏印研究的成果，可以代表《红楼梦》文化翻译研究关于译者主体性方面的新动向。

三　语言学视角的文化翻译研究

从语言学视角对《红楼梦》的研究由来已久，早期的翻译研究大都是针对文本的分析及语言信息的传达方面的，自从翻译研究文化转向后，很多学者也开始从语言与文化交流的关系来研究《红楼梦》的翻译。如冯庆华从语义性与交际性研究“红诗”英译的风格再现。吕世生的文章《语用前提对称与文化信息等值——〈红楼梦〉英译本译例分析》认为文化差异常导致源语与目的语之间信息不对称，其主要原因可归结为两者的语用前提不对称。在很多情况下，语用前提关涉文化背景因素，因此文化背景因素处理得是否得当就成为语用前提是否对称的关键，进而影响源语和目的语信息对称程度。作者通过对《红楼梦》具体译例的对比分析指出，对文学翻译而言，文化差异问题可以归结为源语与目的语之间语用前提的差异，即源语与目的语的语用前提不对称。语用前提是语用意义的重要组成部分，与话语自身比较，语用前提通常包含更多的文化内涵，受文化因素的制约更为明显，因此语用前提的处理往往难度更大，更多时候文化信息不等值往往起因于语用前提不对称。然而，这并非不可逾越。

《话语人际意义的跨文化建构——评〈红楼梦〉中王熙凤一段会话的英译》一文认为人际意义是语言交流的重要内容。翻译作为一个话语跨文化交流的事件，其交际参与者中的原文作者和目的语读者处于不同的文化语境，因而译者翻译的过程必然包含人际意义的跨文化建构。作者郑元会从人际意义的跨文化视角对《红楼梦》中一段人物会话的两个英译本进行了对比分析。目的在于建立一个基于坚实理论基础的翻译评价尺度，科学地评价疑问，并从实践的层面对人际意义的跨文化建构进行一些描述和解释。

四　文化传播与翻译的互动研究（描写性研究）

《红楼梦》作为包罗万象的中国文化“百科全书”，这部书的翻译无疑对中国文化的传播有重要的意义。陈宏薇、江帆在2003年发表文章《难忘的历程——〈红楼梦〉英译事业的描写性研究》。文章通过描写性翻译批评的方法，从全新的视角对跨越近160年，产生9种译本的《红楼梦》英译事业进行全面的历时描述。研究表明，一是，中国文化与英美文化的兴衰消长对特定历史时期中国文学英译的规范产生重大影响，由此导致译者翻译意图与倾向的不断变化；二是，作为翻译文学，《红楼梦》英译本在英语文学多元系统中的地位和社会功能随着历史文化条件的变化而变化。

姜其煌2005年的著作《欧美红学》系统评述了自19世纪中叶至今欧美各国对《红楼梦》的翻译、介绍、评述等情况，涉及150余年欧美红学译介的各种观点，填补了国内该领域研究的空白，对中国文化的传播有着启示意义。

近几年还有很多学者在关注文化翻译和文化传播的互动问题，毛卫强的论文《〈红楼梦〉翻译与民族文化传播》、赵建忠的《〈红楼梦〉在国外传播的跨文化翻译问题》都对这类问题有所关注。

五　文化误读和文化空白的研究

《红楼梦》这部巨著，其涉及面之广让很多国人读起来都有些费解，更不用说让外国人去理解了，尤其是很多文化方面的信息源语和译入语并不对称，这就造成了很多文化误读。另外，中西方文化的差异也会带来文化的空白，对于这一方面的研究也有很多学者作出了努力。

《〈红楼梦〉管窥——英译、语言与文化》中，作者范圣宇对霍克思的误译、霍克斯的增添与漏译、杨宪益的误译作了分析。李建萍的文章《从〈红楼梦〉的英译本看文化图式缺失的翻译》用图式理论来分析文化图式缺失情况下的翻译方法。贺文照的文章《文化翻译阐释中的文化失误——杨译“Man proposes, Heaven disposes”文化阐释的个案研究》认为杨宪益夫妇所译俗语中将God改成Heaven并没有像众论者所认为的那样传达了原文中的文化内涵 。文章通过分析Heaven本身的文化内涵并与汉语“天”进行比较，然后再通过收集到的Heaven的相关语料以及来自本族语者的验证来论证杨译俗语中的Heaven实际上所指仍然是God而不是汉语中的“天”。作者再次强调“翻译者必须是一个真正意义的文化人”。这是王佐良先生给广大译者的告诫，从本文研究的个案来看，从事文化翻译研究的学者又何尝不应该是一个真正意义的文化人？作为文化翻译研究的学者需要加强自身的文化修养，以便对译作作出符合事实的阐释。白靖宇提出，文化翻译和研究应该由"真正的文化人"来做。不论是译者，还是文化翻译的研究者，都应该提高对文化的敏感性和自觉性，不断丰富自己的文化知识，才可以肩负起跨文化交流的重任。

刘海玲的文章《文化空白与〈红楼梦〉佛教用语翻译》提出了五种填补文化空白的翻译策略：保留空白、省略空白、阐释空白、空白的对等语和空白的对等增益。认为弥补文化空白的翻译策略也不是一成不变的，文化具有自我丰富的功能，随着世界文化的进一步融合，对于文化空白的理解也会发生变化，弥补文化空白的翻译策略也应不断的调整。

第三节　微观层面文化翻译的文本分析研究

一　对《红楼梦》中衣食住行、器物家什、社会关系、乡土人情、宗教文化、称呼用语、颜色用词等方面的文化翻译研究

《红楼梦》被称为中国文化百科全书，里面包含的中国文化因素可以说是包罗万象，面面俱到，在翻译的过程中，文化差异成为译者较大的障碍。针对霍译和杨译两个全译本，众多的翻译研究者将注意力集中到微观的文化层面，如衣食住行、器物家什等方面所承载的文化信息如何在翻译中体现出来，译者在翻译时采取什么样的翻译策略和方法。这类研究的学者众多，各类杂志期刊上的论文也数不胜数。白靖宇于2000年在他的专著《文化与翻译》中提出了文化翻译的原则与方法以及译者的跨文化素养。这部书里面提及许多《红楼梦》中宗教、习俗、人名、饮

食等方面的文化翻译，为后来的研究者提供了方法论的借鉴。冯庆华在其2006年出版的著作《红译艺坛——〈红楼梦〉翻译艺术研究》中，从民族文化心态、人生哲学与翻译等方面对红楼梦翻译作了深刻的剖析，同时对《红楼梦》中带有中国文化特色的习语的翻译进行了深刻的分析。他的著作中专门有一章：《红楼梦》文化的翻译，对《红楼梦》文化翻译研究作了概括性的叙述。如果说他的这本书主要是对《红楼梦》中语言因素的研究，那么他在2008年出版的《母语文化下的译者风格》则是从文化策略和思维模式方面研究《红楼梦》的文化翻译。"运用定性分析和定量分析相结合的方法，通过计算机统计手段，并参照英国国家语料库的词频数据，对《红楼梦》霍、杨两个译本作了比较研究，细致而深入地探讨了母语文化对译者的翻译文化观和翻译思维模式的影响。该著作对丰富我国翻译理论和翻译实践的指导，都有着重要意义。"（黄源深评语）范圣宇在其专著《〈红楼梦〉管窥——英译、语言与文化》中专门分出一章从中国文化中的独特因素、时间的表示、成语典故方面来研究文化差异对于翻译的影响。

二 修辞文化翻译研究

《红楼梦》中的语言集中国历代文学传统之精华，修辞手段异常丰富并且极具中国文化特色。文化承载厚重的修辞格成为翻译文化研究的对象。要挖掘修辞背后的中国文化，可以说是一项浩大的工程，很多学者都为此做出了努力。修辞又与众多领域如语言学理论和文化理论、翻译理论等方面有密不可分的关系，这就使得《红楼梦》中修辞翻译的研究一直是《红楼梦》翻译研究的非常重要的一部分。此类研究从1980年开始，经历了零散的、不系统的研究到系统的研究，冯庆华的《红译艺坛》对语音修辞、语义修辞、语形修辞的翻译进行了研究，探讨了修辞如何翻译以及传播文化信息的问题。

他在2008年出版的《母语文化下的译者风格》中，更是就辞格的翻译对霍、杨两种译本作了细致的比较，就二者的文化倾向和翻译策略作了详细的比较与说明。书的后半部分是作者对于文化词汇翻译的一些思考，非常具有启发意义。

肖家燕在其2009年出版的著作《〈红楼梦〉概念隐喻的英译研究》中全面系统地考察了文本的六大隐喻系统的翻译基础、策略取舍语境要素和评价依据，比较深入地论述了语境对策略的深层影响；明确提出并充分论证了翻译的差额观，突破了翻译“等值论”的局限性，并结合汉语传统翻译理论中的“似”和“幅度”标准，以及模糊数学中的“隶度变”概念，以翻译策略为评价依据，初步建立起隐喻翻译的模糊评价模式。其中色彩隐喻与汉英“红色”文化差异、红色隐喻的移植与文化语境制约、红色的两种倾向：归化和异化、文化语境对翻译策略的影响、《红楼梦》人名隐喻的普遍文化语境、“上—下”空间方位的文化认知体验差异与英译策略等部分从隐喻的视角出发研究《红楼梦》的文化翻译，将《红楼梦》的文化翻译研究向前推进了一步。

三 诗词曲赋文化翻译研究

诗词曲赋是《红楼梦》中的一大亮点，是我国文学传统中的精华之所在，诗词曲赋中承载的中国文化可谓非常厚重，这些诗词中处处闪烁着中国文化的光辉，但诗词的翻译确实是非常困难的，翻译界曾经争论诗歌到底可译还是不可译，可见其难度之大。但是从诗词英译角度进行的探讨和研究在这二十几年间一直持续，王宏印在红楼梦诗词文化翻译方面的研究可以说是比较全面的。他在2001年出版的著作《〈红楼梦〉诗词曲赋英译比较研究》中，对比分析了杨宪益和霍克斯的两种《红楼梦》英译本，其分析很有学术深度，将诗词的翻译研究上升到文化高度。比如，《红楼梦》书名，杨宪益译为"The Dream of Red Mansions"，与原文相符；霍克斯译为"The Dream of Golden Days"，王宏印从读者心理接受的角度出发，认为这种译法不仅考虑到了西方读者对"红"的心理感受，而且还兼顾了西方小说的常用词和意象：以金色年华对红楼闺房，实现了青春少女主题在文化上的转换和功能上的对等。在《世难容》一诗中，妙玉的天性与遭遇绝妙地隐含在这首曲子的标题中。杨宪益译为"Spurned by the World"，霍克斯译为"All at Odds"，从这两个结构、角度、含义都决然不同的短语中，王宏印看到了反映中西文化的两种人生态度：杨宪益译的（"被世界抛弃"）与原作者意思相符，即从一般世人眼光出发来看待妙玉的出世倾向，是由于文化的自我防卫功能，将离弃现世的出世态度看成被世人所抛弃。而霍克斯译的（"万事不顺"）则侧重指主人公在现世的种种矛盾和遭遇，暗含对自身命运的感叹。译诗使用第一人称，使令人产生同情进而理解妙玉的处境和遭遇。另外，冯庆华在《红译艺坛》中对"红诗"的翻译也从文化的视角进行了研究。很多学者也在国家核心类期刊上发表关于"红诗"英译的研究，这里不再一一详述。

主要参考文献

Peter Newmark, *A Textbook of Translation*, Prentice Hall International (UK) Ltd, 1988.

John Biguenet and Rainer Schlte, *The Craft of Translation*, The University of Chicago Press 1989.

Peter Newmark, *Approaches to Translation*, Pergamon Press Ltd, 1982.

谭载喜编译:《奈达论翻译》，中国对外翻译出版公司 1984 年版。

中国翻译工作者协会《翻译通讯》编辑部编:《翻译研究论文集》（1894—1948)，(1949—1983)，外语教学与研究出版社 1984 年版。

钱歌川编著:《翻译的技巧》，台湾开明书店印行 1972 年版。

王新婷等编:《中国传统文化概论》，中国林业出版社 1997 年版。

季羡林编选:《东西方文化议论集》上册，经济日报出版社 1997 年版。

孙鼎国主编:《西方文化百科》，吉林人民出版社 1991 年版。

王佐良：《翻译：思考与试笔》，外语教学与研究出版社 1989 年版。

Mary Snell-Hornby, *Translation Studies, An Integrated Approach*, Amsterdam: John Benjamins Publishing Company, 1988.

《英美名诗选》，叶淑霞编译，台湾学习出版公司 1988 年版。

张培基等编：《英汉翻译教程》，上海外语教育出版社 1980 年版。

吕瑞昌等编：《汉英翻译教程》，陕西人民出版社 1983 年版。

罗新璋编：《翻译论集》，商务印书馆 1984 年版。

谭载喜：《翻译是一门科学》，《翻译通讯》 1982 年第 4 期。

《外国翻译理论评介文集》，中国对外翻译出版公司编印 1983 年版。

冯庆华编著：《实用翻译教程》（英汉互译），上海外语教育出版社 1997 年版。

张今：《文学翻译原理》，河南大学出版社 1987 年版。

萨姆等：《跨文化传通》，陈南、龚光明等译，生活·读书·新知三联书店 1988 年版。

陈中绳编著：《汉英词语翻译漫谈》，吉林人民出版社 1984 年版。

西安外国语学院校庆学术论文集编委会：《英语学科研究文集》，外语教学与研究出版社 1997 年版。

杜瑞清主编：《西方文化名著选读》，西北工业大学出版社 1997 年版。

邓炎昌、刘润清：《语言与文化》，外语教学与研究出版社 1994 年版。

王福祥、吴汉樱编：《文化与语言》（论文集），外语教学与研究出版社 1994 年版。

胡文仲主编：《英美文化辞典》，外语教学与研究出版社 1995 年版。

耿龙明、何寅主编：《中国文化与世界》，上海外语教育出版社 1992 年版。

陆国强编著：《现代英语词汇学》，上海外语教育出版社 1983 年版。

《从“不折腾”翻译难倒国际媒体说开去》，亦菲，http：//www. china. com. cn/review/txt/2009-01/06/content_ 17065995. htm。

《驻外大使翻译“不折腾”自感准确精彩表意恰当》，http：//news. qq. com/a/20090118/000682. htm。

《胡锦涛报告“不折腾”翻译方法难倒国际媒体》，http：//news. sina. com. cn/c/2009-01-02/101316965679. shtml。

刘大桥：《“不折腾”的英译及其中国意义》，新华网 2009 年 01 月 22 日 00：00：56。

何星亮：《中国图腾文化》，中国社会科学出版社 1992 年版。

刘兆元：《中国龟文化》，上海文艺出版社 1992 年版。

《〈喜羊羊与灰太狼〉英文片名翻译揭秘》，http：//tieba. baidu. com/f? kz =714889262。

《毛泽东诗词》（英汉对照），商务印书馆 1976 年版。

《MAO TSE-TUNG NINETEEN POEMS》，FOREIGN LANGUAGES PRESS，1958.

《〈月亮代表我的心〉英译》，http：//www. 51test. net/show/632943. html。

吴竟存编：《〈红楼梦〉的语言》，北京语言学院出版社

1996 年版。

张志刚：《宗教文化学导论》，人民出版社 1993 年版。

卓新平：《宗教与文化》，人民出版社 1988 年版。

《佛教的传入和经典的翻译》，http：//hi. baidu. com。

《常用佛教名词英语翻译》，http：//www. douban. com/group/topic/8062533/。

张毕来：《红楼佛影》，上海文艺出版社 1979 年版。

刘守华主编：《文化学通论》，高等教育出版社 1992 年版。

程镇球：《翻译问题探索》，商务印书馆 1980 年版。

张培基编：《习语汉译英研究》（修订本），商务印书馆 1979 年版。

张培基：《英语声色词与翻译》，商印书馆 1964 年版。

A Dream of Red Mansions, translated by Yang Xianyi and Gladys Yang, Beijing: Foreign Language Press, 1994.

曹雪芹、高鹗：《红楼梦》，三秦出版社 1992 年版。

郭沫若：《英诗译稿》，上海译文出版社 1981 年版。

翁显良：《古诗英译》，北京出版社 1985 年版。

吕叔湘：《中诗英译比录》，上海外语教育出版社 1986 年版。

张亚定主编：《简明中外民俗词典》，陕西人民出版社 1992 年版。

刘志雄、杨静荣：《龙与中国文化》，人民出版社 1992 年版。

胡文仲主编：《文化与交际》，外语教学与研究出版社 1994 年版。

郑春苗：《中西文化比较研究》，北京语言学院出版社 1994 年版。

陈建民、谭志明主编：《语言与文化多学科研究》，北京语言学院出版社 1993 年版。

牛汝辰：《中国地名文化》，中国华侨出版社 1993 年版。

［澳］艾德里安·鲁姆：《世界地名》，测绘出版社 1982 年版。

完颜绍元：《赵钱孙李——中国姓名文化》，上海古籍出版社 1993 年版。

张联芳主编：《外国人的姓名》，中国社会科学出版社 1987 年版。

完颜绍元：《中国姓名文化》，上海古籍出版社 1993 年版。

兰保荣等编：《汉英宴席菜名手册》，中国旅游出版社 1985 年版。

王学泰：《华夏饮食文化》，中华书局出版社 1993 年版。

余世谦：《茶、酒、烟》，上海科技教育出版社 1991 年版。

王宏印：《〈红楼梦〉诗词曲赋英译比较研究》，陕西师范大学出版社 2001 年版。

刘世聪：《〈红楼梦〉翻译研究论文集》，南开大学出版社 2005 年版。

范圣宇：《〈红楼梦〉管窥——英译、语言与文化》，中国社会科学出版社 2004 年版。

姜其煌：《欧美红学》，河南教育出版社 2005 年版。

冯庆华：《红译艺坛——〈红楼梦〉翻译艺术研究》，上海外语教育出版社 2006 年版。